《穿心經透》

原來，你以爲的只是假象

柳道成法師 Dosung Yoo——著
釋智善——譯

Thunderous Silence:

A Formula for Ending Suffering: A Practical Guide to the Heart Sutra

謹以本書獻給幫助我發現，
並且走上佛法之道的師長們

目錄

序

能清楚看到空性的人，萬物變得清楚明白；
不了解空性的人，則什麼事都不明白。
——龍樹菩薩

慧可❶原是赫赫有名的儒學學者，也是一名儒學的實踐者。有一天他來到了禪宗第一代祖師菩提達摩的座下學習。儘管學識豐富，慧可的心思無法集中，內心得不到平靜。慧可見到菩提達摩時，他正在山洞裡修習禪定。慧可說：「師父，我的心很不安，請幫我安心吧。」菩提達摩回答說：「你拿你那顆不安的心給我看看。」慧可頓了一下，開始尋找他的心。一會兒之後他說：「師父，我遍尋我的心，但是都找不到。」菩提達摩回答說：「我已經幫你安心了。」

菩提達摩並沒有問慧可他的痛苦因何而來，也沒有問及慧可他的財務狀況，或者他的人際關係。相反地，菩提達摩問慧可受苦的是誰？痛苦的是什麼？他問的都是慧可心性的本質，也就是自性的問題。

石頭打到狗，狗就追石頭。石頭打到獅子，獅子就去追那投石頭的人。一旦了悟我們自身的實相（亦即心的本質），痛苦就止息了。此即菩提達摩教法的核心，亦即《心經》的要義所在。

多年前，有一名韓國記者進行一項調查，以了解韓國人生命中的最愛是什麼。他要求受訪者用一個字表達這個欲望。大多數的韓國人選擇「haeng-bok」這個韓文，意即「幸福」。對於幸福的渴望是不分種族，不分年齡的。所以我們老是想要有一份較好的工作，一間更好的房子，一輛更好的車，得到更多的賞識。我們不斷地嘗試改變我們的現況，卻不想多花心思來發現我們眞實的自我。

蘇格拉底說，「認識你自己。」試圖改變環境來製造快樂，卻不了解自心的本質，就

原文注：

❶禪宗第二祖。慧可年輕的時候就嫻熟中國和佛教的古典哲學。他見到禪宗第一代祖師菩提達摩時，慧可接受了他的法印。後來，慧可把法脈傳給僧璨，是為禪宗第三代祖師。

慧可安心之原文如下：師曰：「我心未寧，乞師與安。」祖曰：「將心來，與汝安。」師良久曰：「覓心了不可得。」祖曰：「我與汝安心竟。」

好像在流沙之上建房子，而期待能在裡面住上一輩子一樣。快樂、痛苦、自由、不滿、憂鬱、喜悅，這些都是描繪心性的字眼。一旦我們看清楚心性的眞實面貌，我們就切斷了痛苦的根源，隨之痛苦也止息了。體悟從自性而來的自由快樂持續久遠而不可摧毀；來自變化多端環境的快樂，既脆弱也不長久。

下面的故事正可闡明上述的教義：有一個小男孩放學回家後，看到他的祖母一直在找東西。他問說：「奶奶，你在找什麼啊？」她回答說：「找一根針。」「你在哪裡掉的？」小男孩問。「在客廳掉的。」她回答。男孩又問：「那你爲什麼在院子裡找呢？」她回答說：「因爲外面這裡比較亮！」

沒有了悟自性而四處尋求快樂的人，就像這個祖母在錯誤的地方尋找一根針一樣。如果我們最想要的不是短暫的快樂，而是恆常的、絕對的幸福，那麼最要緊的就是體現我們眞實的自性。生命完全的自由來自覺悟自性的眞相，否則，活著又有何目的呢？我們傾注時間與精力在生命上頭，這一切爲的又是什麼呢？這些是我們需要深思的。

我十幾歲時，只要有世間無常的體驗，就彷彿掉入很小的桶子內，感覺像一個囚犯。這種感覺很奇特。隨後我了解到，這些經驗就如同一則公案，或一項精神領域的探索，由心田裡自然升起。然後我又了悟到：我什麼事都可以避開，就是逃不開自己的心。

當我們心性的實相彰顯時，苦就滅了。空性是所有事物的本質，一旦清楚了悟，痛苦的根就切斷了。這是《心經》的精義所在，也是菩提達摩的心要所在。

王子出身的釋迦牟尼佛衣食無缺，環境優渥，事事順心。但當他親眼目睹老、病、死，也是人生不可避免的境遇時，他深刻的感受到身而爲人的種種不如意，而這些又是與生俱來的。升起了這種感覺後，他的回應之道就是出離皇宮，尋求那恆常究竟的眞理。儘管我們大多數的凡夫吞忍這些覺受，佛陀卻勇敢地與之面對。一旦他成等正覺、證得自性後，本有的智慧現前，由痛苦中解脫，並且有能力幫助一切眾生。

寫就本書的目的，爲的是鼓勵大家踏上佛陀兩千五百年前的成佛之道。這是內在的心性之旅，目標是發現我們的眞我，通向我們不可壞的本然自在，獲得恆常、究竟的幸福。

是時候了，走向內在尋找那根針吧！不應只是在外頭的院子裡尋尋覓覓！

《心經》

觀自在菩薩　行深般若波羅蜜多時　照見五蘊皆空　度一切苦厄

舍利子　色不異空　空不異色　色即是空　空即是色

受想行識　亦復如是

舍利子　是諸法空相　不生不滅　不垢不淨　不增不減

是故空中無色　無受想行識

無眼耳鼻舌身意　無色聲香味觸法　無眼界　乃至無意識界

無無明　亦無無明盡　乃至無老死　亦無老死盡　無苦集滅道

無智亦無得　以無所得故

菩提薩埵　依般若波羅蜜多故　心無罣礙
無罣礙故　無有恐怖　遠離顛倒夢想　究竟涅槃
三世諸佛　依般若波羅蜜多故　得阿耨多羅三藐三菩提
故知般若波羅蜜多　是大神咒　是大明咒　是無上咒　是無等等咒
能除一切苦　真實不虛
故說般若波羅蜜多咒　即說咒曰
揭諦揭諦　波羅揭諦　波羅僧揭諦　菩提薩婆訶

1

《心經》是什麼？

諸佛出現在這個世間，救度所有的眾生，幫助他們了悟佛陀智慧的寶藏，這個寶藏眾生原本就有，只是他們不知道而已。

——《法華經》

有一天，一隻兔子無意間在樹林中發現一枚珍貴的珠寶，牠把珠寶獻給森林中的獅子王。所有的動物都來看這一枚珠寶，牠們為它的美感到驚奇，深恐人類會來偷走。

獅子說：「我們為什麼不把它藏在森林的深處，讓人類找不到呢？」發現這枚珠寶的兔子說：「不行，這個主意不好。人類很狡猾，他們最後還是找得到。我們很快地會把整片森林喪失在他們手上。」所有的動物都同意兔子的說法。

天空的王是老鷹，牠說：「我可以將珠寶藏得很高很高，讓人類找不到。」另外一隻鷹說：「不行，人類很聰明，他們製造了一隻叫做飛機的鐵鳥，最後一定找得到的。」

大海之王是鯨魚，牠說：「為什麼我們不將它藏在深深的海底呢？那兒人類到不了。」所有的魚異口同聲的說：「不行，人類有一種叫做潛水艇的機器，能夠潛進深深的海底。大海這個地方不安全。」

所有的動物變得非常焦慮，左思右想了很久，找不到一個地方可以藏這枚珠寶。終於，牠們同意把它藏在人們深深的心底，那裡人們從不深深地望進去。

學習《心經》意謂著踏上發現這枚珠寶的旅程，而它就藏在我們內心的最深處。這枚是眞我的寶藏，也是我們的佛性，我們那遺失了久久的本性。

《心經》就是發現珠寶的尋寶圖。

二十幾歲第一次讀到《金剛經》時，我的眼睛莫名地湧上了淚水，感覺上好像找到了我眞正的家，我的源頭。《心經》是一張描繪我們自性的圖，那是我們的究竟實相。它是一條無徑之徑，帶領我們回到眞實的家，帶領我們走向那個叫做佛性的寶藏。《心經》的原名是《摩訶般若波羅蜜多心經》。現在我們來逐字推敲看看。

……摩訶般若……

知識有三種：

第一種是假借的知識。從閱讀書本，傾聽別人而來。這種非原創的知識就像一朵塑膠花，了無芬芳。

第二種稱爲智慧。這種知識得自於你自身的經驗，不假外求，爲自己所有。

第三種知識來自於不同的層次，稱作**般若**，亦即本有的智慧，是所有有情眾生與生俱來的。梵文「般若」有兩個部份：「般」意即「前」，「若」是「知」的意思。般若非假借，亦不從經驗而得。非知識也非智慧，是本俱本有的覺性或意識，無需雕琢，不待培育，本自天成。

有一天，圓佛教①的第三代宗師——大山金大舉宗法師，派遣幾位圓佛教大德居士去韓國濟州島找尋合適建立閉關中心的場所。幾個月後，他們回來報告他們認爲最佳的場地。大山金大舉宗法師聽取了他們的意見，看過了幾個場所的圖片後，就要他們購買一般人最不看好的地點。該址離主要道路很遠，而通往該址的支線也泥濘不堪。他們還是順從了大山金大舉宗法師的指示，買下該處，然後建造了幾棟建築物作爲閉關中心。幾年後，當地的政府建設了一條高速公路，從高速公路通往閉關中心的道路也都鋪設完成，使得該閉關中心變得交通便利，地價高漲，促使更多的人得以前往。

圓佛教第四代宗師左山法師終生獨身，沒有婚姻及養兒育女的經驗，然而他寫了很多有關胎教的書籍。雖然他沒有研究過這個議題，然而這方面的知識卻自然而然地從他的心田裡湧現，此乃歸功於他眞修實行、禪定功深的緣故。當我們的功夫純煉時，般若，我們內在的光，就開始顯現。

梵文「**摩訶**」意即「大」或「無限」。「摩訶般若」意思是「究竟的智慧」或「無上的覺悟」。這種智慧，唯有佛或是完全開悟者始能擁有。

動物也有智慧，但是有別於人。一般人的智慧，則有別於佛智——不管在深度上或智光的亮度上均有所不同。一根燃燒的火燭是光亮的，但是它的明亮度有別於太陽。當太陽升起時，全世界的黑暗都被驅逐。一個完全覺醒的人所擁有的智慧與能力就像太陽的亮光一樣，照耀著全世界。「**摩訶般若**」就是圓滿究竟的智慧，指的是無上的覺悟所引發的智慧，唯有一個完全開悟的人始能擁有。

編者注：

①圓佛教，為源自韓國佛教近代宗派，由少太山（Sotaesan）大師創建於一九一六年，據稱他於該年悟道。後人尊他為教祖。

一九四七年，鼎山大師繼任為第二代祖師，他正式提倡使用「圓佛教」之名。該宗派的標誌是一個圓圈，它在該教派內取代了佛像。這個無始無終、包羅萬象、圓融無礙的「圓圈」，表示佛的法身、宇宙萬有的本源、諸佛諸聖的心印及一切衆生的本性。

……波羅蜜多……

「波羅蜜多」意思是「跨越」或「到彼岸」，指的是從這個多苦的世界跨越到解脫的世界，或者涅槃，那是修行的終極目標。這個詞衍生自古老的印度傳統，當時國與國之間，經常隔著像恆河一般的大河。只要有人對他們的國家或他們的處境不滿，感覺很苦——比如說位居奴隸階級的婦女——就會來到河邊。他們遠眺對岸，那兒似乎更美好。此岸是痛苦的世界，彼岸是理想國，也就是涅槃，或者是天神的國度。

……心經……

「心」是梵文 hridaya 的翻譯，意即「中心」或者「精要」。心是我們內臟裡最重要的器官。梵文 sutra 意謂「經文」，是經典文字或佛陀言教的意思。在古印度，印度教或佛教的經文書寫在葉子上，然後將之串連成冊。sutra 衍生自動詞的字根 siv-，意思是縫製 sew，英文字 suture 也有同樣的字根。「經」字面上是「一根線把所有的東西串連在一起」。所以「心經」意謂「精要的經文」「要道」，或是「諸法的總集」。而「摩訶波羅蜜多心經」意思是藉由完全的證悟（摩訶般若）踏上一條通往彼岸（波羅蜜多）的要道（心經）。

雖然有許多中國的評論家把「波羅蜜多」解釋爲「彼岸」，但是波羅蜜多另一意是「圓滿」。依著這樣的詮釋，「摩訶波羅蜜多心經」意謂著「精要的教法或途徑，可以圓滿成就本有的智慧」，或者是「可以圓滿證悟的佛法精義」之意。

在韓國漢城禪修中心工作時，我爲許多年輕的男女做諮詢。那裡有很多單身的朋友都很想結識好對象，共結良緣。也有很多已婚的男女告訴我，他們寧願維持單身的生活。有一個重要的觀念就是，涅槃或者彼岸並非指我們在順境、順緣時所在的時間或所處的地點。涅槃是我們的心變得純淨有力時，而般若是我們的眞性顯露時。

希臘字烏托邦 **utopia** 的字根，意思是「不存在」或「子虛烏有的地方」。不管是物質上或科技上，我們都已經達到一個理想的地方或一種理想的境界，然而人還是不快樂。當人們重新獲得般若，心性得到解脫時，就如同證得涅槃、抵達烏托邦了——不管所處環境爲何。當我們的本性重現並且獲得自性的能力與智慧時，我們的心就不再受制於外境，而且可以盡情享受人生了。有了般若，我們就有智慧及能力去改變我們的環境，也可無入不自得，隨遇而安。

正如同《心經》的原名——《摩訶波羅蜜多心經》——所顯示，我們不能光靠賺很多錢、結識一個理想的配偶，或者找到一份好差事，就能到達彼岸。換句話說，單單改變外在環境是不夠的。唯有覺醒自性、唯有證入般若，我們才能從多苦的此岸到達涅槃的彼岸——從一顆無明的心到一顆覺悟的心，就像大夢初醒一般。

在《湯瑪士多馬福音》裡，耶穌說：如果你們的領導人對你們說：「看，天國在空中，那麼空中的鳥就會領先你們。如果他們對你們說，天國在海裡，那麼海裡的魚就會領先你們。其實，天國在你們的裡面，也在你們的外面。當你們認識你們自己，他們就會認出你們，而你們將會了解到，你們就是永生之父的兒子。」❶

再參考下面一則故事：

古印度有一則傳說，傳說中有一隻麝香鹿，在一個春意盎然的日子裡，這隻鹿在空氣中嗅到了一股神秘的芳香，宛如天堂一般。這股芳香透露出愛與美的和平氣息，細語般的呼喚牠前進，驅使牠去尋找這股芳香的源頭。於是牠出發了，決心要找遍全世界。牠爬上了冰雪覆蓋的險惡山峰，徒步穿越煙霧瀰漫的森林，跋涉過一望無際的荒漠。不管牠走到哪裡，香味一直都在那，若有似無卻又隱約可聞。牠努力不懈地尋找，身心俱疲，性命垂危，終於垮下了。當牠倒下的那一刻，牠的角刺進了牠的肚子，突然間空氣間瀰漫著天堂般的芳香。

在彌留之際，這隻麝香鹿體悟到，原來這股芳香一直都從牠的體內散發出來。❷

想改變自身的環境卻又不先改變自心的人，好比划著船朝著地平線無止盡地前進。實際上，地平線早就在我們的船下了。當我們體悟到自性時，般若就完全展現，我們也了解到涅槃（地平線）早就存在當下了❸。只要人們希望自由自在就得先證入般若，還有什麼比自性的覺醒更迫切的呢？

禪宗裡有句話：「修心那怕三天，所得珍寶受用千年；財貨儘管積聚百年，一朝化爲塵土。」般若的再現就是通往解脫的道路，也是永久的滅苦之道。這也是爲什麼研讀、思考般若波羅蜜多文獻讓人獲益良多。《心經》則是涵蓋了所有般若波羅蜜多智慧的文學。

在《金剛經》裡，佛陀談到這些功德：

---

❶《多馬福音》第三卷。見 Williams Barnstone 和 Marvin Meyer 合編之 ***The Gnostic Bible***，頁四十五。本書譯文引自何建志翻譯「多馬福音」中譯本。

❷取自塔拉・布萊克（Tara Brach）著，《全然接受這樣的我》（*Radical Acceptance: Embracing Your Life With the Heart of a Buddha*），英文版第三〇七頁。中文版由橡樹林文化發行。

❸請參閱第十一章「第三聖諦」的說明。

須菩提，若三千大千世界中，所有諸須彌山王如是等七寶聚，有人持用布施。若人以此般若波羅蜜經，乃至四句偈等受持讀誦，爲他人說，於前福德，百分不及一，百千萬億分，乃至算數譬喻所不能及。

佛陀又說：

須菩提，若有善男子善女人以恆河沙等身命布施，若復有人於此經中，乃至受持四句偈等，爲他人說，其福甚多！

證得佛陀教理的機率微乎其微，如同見到優曇波羅花一樣的稀罕，這種花據說三千年才開花一次。根據《金剛經》的講法，凡證得佛陀教理或聽聞《心經》《金剛經》的人，前世必已種過許多善根

須菩提白佛言：世尊！頗有衆生得聞如是言說章句，生實信否？佛告須菩提：莫作是說！如來滅後，後五百歲有持戒修福者，於此章句能生信心，以此

爲實❹。當知是人，不於一佛二佛三四五佛而種善根，已於無量千萬佛所種諸善根。聞是章句，乃至一念生淨信者，須菩提！如來悉知悉見，是諸眾生得如是無量福德。

在古代，韓國有一位知訥禪師曾經說過：「既入寶山，如何能空手而歸？一失人身，則萬劫難可復回！小心啊，小心！既知有寶山，聰明的人就不該掉頭而去，反而該前去尋找！怎麼可以爲自己的貧窮困乏而自怨自艾？如果你想獲得至寶，就應該揚棄這個臭皮囊！」❺既然我們已經來此寶山就不可空手而回。

歷史背景

釋迦牟尼佛經過六年的苦行之後，終於在菩提樹下證悟。據說，佛陀在開悟之後，整整有三星期的時間維持在禪定三昧的狀態。佛陀在這段期間所體驗的三昧禪定在《華嚴

❹佛陀十號之一。「如來」字面上的意思是「如去如來者」。因此，「如來」是超越去與來的，意思是已經超越無盡的生死輪迴。

❺ Buswell, Jr., trans., Tracing Back the Radiance, 115.

經》裡有所描繪。佛陀在此三昧中演說大法，但是對於佛陀所直述的究竟實相，無人能懂，所以佛陀改用循序漸進的方式演說法義。佛陀教說《阿含經》長達十二年之久。此神聖傳統強調修行者應該多積功累德作爲修行的基礎，並且對因與果的業力原則也多所解釋。接下來八年，佛陀教授《方廣經》，闡說緣起法。佛陀五十五歲左右開始講述《般若波羅蜜多經》，揭示究竟實相，終極眞理。佛陀教授《般若波羅蜜多經》達二十一年，而在靈鷲山（此山靠近王舍城，位於印度現在的比哈省）上，佛陀講此經最久。

《般若波羅蜜多經》有六百多卷；《心經》大約有兩百七十個英文字。就此而言，《心經》可說是《般若波羅蜜多經》的摘要或心要所在。《心經》是佛法的核心部份。《心經》文短，是佛陀智慧的總結，所以在大乘佛教的各寺院裡廣受歡迎，經常出現在日常課誦裡。

《般若波羅蜜多經》屬大乘經典，出現於西元前二〇〇至西元四〇〇之間。佛陀在世時，他的教法並沒有記錄下來。根據傳統的記載，佛經的文字記錄始於第一次結集大會。西元前三八三年佛陀涅槃❻後，此會在王舍城附近舉行。當時有五百名羅漢（已經開悟的人）集合起來，就記憶所及寫下佛陀的教法。其中佛陀的侍者阿難，據說他能記得佛陀所有的開示講法。

但是傳說中，阿難原先是不准參加第一次結集大會的，因爲大迦葉尊者（Mahakasyapa，佛教的第一代祖師）不認爲他已經開悟了。除此之外，大迦葉尊者本身的法脈承傳自佛陀，他認爲阿難只是像鸚鵡般的複述佛陀的話而不了解其中的眞義，因此不允許阿難參加結集大會。阿難很難過，心裡很挫折。既然不能參加，索性就到深山裡。深自懊惱之餘，發大決心要證得圓滿的開悟。他決定，除非獲得開悟，否則一直不睡覺。有一天，他累極了，所以就躺下來了。他誤以爲頭下應該有個支撐物，其實並沒有，於是頭就猛然掉下去，撞到地上時，他了悟到，所有的事物本質是空的。由於這個體驗，大迦葉尊者允許他參加集會，憶述佛陀說過的話。

大多數的佛經開卷語都是「如是我聞」。這裡的「我」指的是阿難。這類型的經文正是阿難所憶述的，是佛陀親口宣說的，而非阿難個人的詮釋。

藏文版的《心經》是這樣開始的❼：

❻ Red Pine, *The Heart Sutra*, 38.

❼ 根據大乘佛教，真正的佛經都以經典的背景開始：說經者何人？何時宣講？何處宣講？向何人宣講？很多藏文版的《心經》開始都有這樣的標準程序，也有標準作業的方式作結。因為加長版的出現是在短文版的成為正規的經文之後，所以大多數的學者相信，標準化的序文和結語都是後來加上去的，以便建立經典的權威性。見 Red Pine, *The Heart Sutra*, 39-42.

如是我聞，一時，薄伽梵在王舍城靈鷲山，與大比丘眾及大菩薩眾俱。爾時，薄伽梵入深明法門三昧。

這裡的「我」不只是指形體上的阿難，同時也是指阿難覺醒的心靈和心智。阿難有著照相般的記憶，然而他的心卻是全人類內在本有的。就某些意義而言，這樣的開經語似乎反映出阿難的懺悔。他好像在說，「以前我用耳朵聽佛陀的話，現在我用覺醒的心傾聽並憶述佛陀的話。」正如同阿難所做的，不論我們唱誦、讀閱，或研習《心經》，我們都應該以覺醒的心來接受佛陀的話語。

體現《心經》的方式

體現《心經》的第一個方法便是透過學習。閱讀《心經》、思維其義，如此我們便踏上重拾般若智慧之旅。在牛頓的時代以前，很多人都看過蘋果掉到地上，但發現地心引力的卻是牛頓。爲什麼?因爲他一直思考，一直在尋找一條可以解釋宇宙所有現象的法則。

法國的哲學家巴斯卡（Pascal）說：「人類只是一株蘆葦，在自然界中最爲脆弱，然而他可是一株會思考的蘆葦。」雖然很脆弱，人類卻建立了偉大的文明，發明了偉大的東西，從飛機、電腦到許多社會制度。如果沒有思維能力，人類的心智裡就不會發生尤里卡時刻（eureka moment，意即突然有意外的發現）。我們應該經常思維《心經》的義涵，以及各家對它的論述，這樣才能彰顯其中的智慧。

體現《心經》，彰顯其中智慧的第二個方法便是透過禪思。佛教裡有一句話：「有一卷經書，裡面沒有文字，卻一直在放光。」《心經》是一幅畫，裡面畫著我們的本來面目，也就是父母未生我們以前的面目。這部經所描繪的是一念未生以前的世界。一旦我們的思維心消失，我們就能夠見到我們的本來面目，而我們內在的般若智慧便能彰顯出來。《心經》的眞義非理性思考所能領略。舉個例子。有一位中國禪師，在他還是小沙彌時，讀著《心經》。當他讀到「無眼耳鼻舌身意」時，他很驚訝，趕快摸摸自己的鼻子耳朵，確定它們還在。

揭開我們慾望及散漫心的帷幕後，我們可以看清我們自己，以及宇宙的眞實樣貌。研讀《心經》就好像進入一個火爐：我們的念頭、信念、所有我們的常識及傳統的智慧都燒得精光。比方說，形象就是形象、不存在就是不存在，這樣的概念是西方邏輯的起始點，但在《心經》裡已沒有立足之地。《心經》說：「色（形象）即是空，空即是色。」

《心經》的文句可以做爲很棒的公案❽。玩味這些文句，我們可以凝聚心思，進入甚深的禪定，最後得以脫落我們那顆複雜的心，讓眞我得以顯現。

在韓國，某天有一個到處兜售絲綢的商人，在往鄰近村莊的路上，他靠著一棵樹睡著了。醒來的時候，他發現他的幾綑絲綢都不見了。他好震驚，也很沮喪，於是馬上跑去地方官那兒，稟報所發生的事情，並且要求地方官逮捕小偷。地方官問他有沒有人目睹絲綢被偷。商人說，當時周遭無人，只有一根圖騰木柱。地方官很認眞地說道：「既然這樣，我必須質詢這根圖騰柱子，因爲它是唯一的目擊證人。」他吩咐手下立刻去把圖騰柱子帶回來辦公室，並且要他的手下出去宣佈一個出庭的日期。

地方官舉動荒謬的消息在整個村莊散佈開來。出庭日，很多村民都來到法庭，心裡很好奇，不知道會發生什麼事情？地方官坐在高高的位子上，以非常嚴厲的聲音要他的手下去把圖騰柱子綁起來，押到法庭上來。然後地方官大聲地質問圖騰柱子，有沒有什麼人趁著商人睡覺的時候，把幾綑的絲綢給偷走了。圖騰柱子一言不發，地方官很生氣，更大聲地問同個問題。圖騰柱子仍然不發一語，地方官震怒地站了起來，命令他的手下把那根圖騰緊緊地鏈在一根柱子上，並且用棍子拷打它，逼它招供。每打一下，地方官就叫囂著：「再打用力一點！」到後來，圍觀的群眾忍不住大笑起來，地方官表現得更加震怒了，他氣得下令手下把所有大笑的人抓起來。大部份的村民都被捕了，他們得到的命令是一週內償付三綑絲綢。

一週期限終了時，在法庭大笑的村民大多繳了絲綢。地方官要商人從那一堆堆的絲綢裡挑出自己的來。接著，地方官把那些繳交絲綢的人召集起來，問他們絲綢是跟誰買的？他們說，都是跟同一個人買的，顯然就是那個小偷了。這就是地方官逮捕小偷的方法❾。

一開始，用棍子拷打圖騰柱似乎跟抓到小偷毫無關聯，可是這個舉動最後導致小偷被抓。同樣的，當你第一次思維一則公案或對《心經》的一段經文做禪思時，你也許會懷疑這樣做有多少功德利益？但是，正如同不斷地拷打圖騰柱子導致小偷被捕，當我們一次又一次地思維《心經》之義，以之做爲禪思的對象時，我們可以獲得平和而專注的心境，最後彰顯了其中的微言大義。

❽公案是禪宗裡看起來是無稽之談、令人百思不解、充滿矛盾的敘述、故事，或問題。公案供冥思用，拒絕理性的理解，目的讓你的分析思考陷入絕境。公案的練習可讓人心神集中，最後獲得開悟。

❾Kyongbong, *Touch the Door Latch In the Middle of the Night*, 15-17.

體現《心經》的第三個方法便是透過禪修。一旦水面的漣漪不見了，月亮自然清晰地映現。爲了彰顯般若智慧，內心就必須保持穩定。在水力發電廠，水壩蓄水如果不夠多，發電量也就減少。所以最重要的便是儲蓄大量的水。同樣地，研讀或思維《心經》就像發電，禪修則如水壩裡大大的蓄水量。

當我們研讀、禪思、思維《心經》的義理時，我們同時還得利用禪修的方式來沉澱我們的心，賦予能量。不然的話，我們對《心經》的探究就無法深入、也無法與《心經》的義理互融。我們的身體越操練就越強壯；就內心而言，越讓它修養則會越有能量。

人類從遊牧的生存狀態發展到更安定的農業生活時，文明開始戲劇性地起飛。當我們的心安定下來以後，智慧與慈悲，還有各種功德、潛能等都顯現出來。這就好像下雨過後，塵埃落定了，我們所看的世界也更清楚了；同樣地，當我們散亂的心思，以及欲望從內心撤退後，般若智慧就自然顯現。

大山金大舉宗法師說過：「想要大徹大悟，必須學習、思維公案，這是開悟的關鍵所在。要想即刻開悟，就要保持一心不亂。」

如果思維、學習《心經》是返枝節入根本的方法，那麼，以禪修入《心經》就是從反方向入道——從根本到枝節。

體現《心經》的第四個方法就是透過朗誦經文。

當我們一遍又一遍地朗誦《心經》，經文就深深地印入我們的心裡。以此修行而去，最後我們將與《心經》合而為一。如能達到這種境界，經義將完全展現。朗誦《心經》是佛教裡通行的祈願法門，許多大乘佛教徒讀誦或抄寫此經以引發我們內在與生俱來的能力。

體現《心經》的第五個方法便是透過教授《心經》。

一般都這麼認為，最佳的學習方法便是教導他人學習。現任韓國圓佛教住持和尚孔山法師（Kyungsan）還是學生時，在圓佛教裡曾多次研讀禪文〈修心訣〉（*Secrets on Cultivating the Mind*）。儘管他很努力，文章裡面有許多地方意義還是晦澀不清。之後，他在靈山禪門大學（Youngsan Zen University）擔任校長並且教授此文時，箇中的義理變得清晰透明起來。我個人也是一樣，教《心經》已經教幾個學期了，而這也確實是我了解經義的最佳方法。當你準備教材，準備教導他人時，你就會對該課題深思熟慮，在這過程當中，文義就昭然顯現。教授佛經提供一個很棒的機會，讓我們反省自己的修行與人生。

根據《妙法蓮華經》，大悲觀世音菩薩曾經說過，在末法時代祂會以不同的身份來到這個世界，可能是屠夫、酒保，也可能是廚師、妓女。如果要跟屠夫說法，最佳的人選就是他的同事。要喚醒一個酒保，最好是靠他的同僚。同樣地，幫助你所愛的人走上精神道路，最好的人選就是你，不是達賴喇嘛，也不是什麼有名的佛教大師。因爲對於我們所愛的人而言，我們就在身邊，比起一個陌生人而言，我們的話他們比較聽得進去，也可能更當眞些。我們想想，幫助別人最好的方法就是打開他們的心房，卸下他們的心防，引導他們走上精神之旅。不論在家裡或職場上，我們應該成爲他人的導師。能夠幫助他人，我們便是大菩薩了。

《心經》以偈頌作結：「揭諦揭諦　波羅揭諦　波羅僧揭諦　菩提薩婆訶」，意思是「去吧，去吧，去到彼岸，大家一起去彼岸，覺醒吧！」

佛陀鼓勵我們跟所有的有情眾生一起去到涅槃的彼岸。能夠遇見佛陀的教法，機會微乎其微，據說就像盲龜在茫茫大海裡遇見一根浮木，湊巧把頭伸進浮木孔，或者像一粒芥子掉進針眼一樣。如果能夠把佛法教給親人或周遭的人，我們就不要放棄這個機會。

體現《心經》的第六個方法便是透過利他的行爲。《心經》講的是實相（意即無我的眞理）。征服無知無明，顯現眞我的一個很好的方法便是透過無私幫助別人。

當自我消失，《心經》的意義便昭然顯現。積極而無私服務大眾，自我的陰影便消失不見，般若智慧就顯露出來。曾經有新聞記者問德瑞莎修女，她是在什麼動機之下幫助窮人，離開了人群，奉獻了這麼久的時間？她回答：「因爲我知道他們骨子裡都是耶穌基督。」這句話聽起來就像一位習定很久，並且已經得道的禪師所講的話。德瑞莎修女可能沒有學過禪修，也沒有參過公案，但是她傾注自己的生命於無私的奉獻中。如此一來，般若智慧的光便自然由內照耀出來。

我還住在韓國的時候，當時考駕照的筆試分成兩個部份：一部份的問題是關於交通規則，另一部份是關於汽車機械的問題。我經驗不足，很少打開車蓋，看過幾次引擎，根本就很難記住不同零件的所有功能。不過，駕駛了很多年，修過很多次車子以後，我自然而然地了解汽車每個部份的運作情形。同樣地，如果我們以慈悲心過生活，去除自我，不斷地饒益他人，那麼，我們眞我的本質——也就是空性的實相——將顯現出來。這就是爲什麼培養菩提心——也就是爲了超拔所有眾生離苦得樂而覺悟的願心——是如此的重要，也是個人開悟的根本所在。一顆無私而慈悲的心是平靜祥和的。慈悲的心是智慧的心，快樂而滿足，有力而專注。慈悲與智慧不可分隔，猶如鳥的兩翼。有了這一雙翅膀，我們便可飛向涅槃了。

幫助別人也是很好的修福的機會，對於修行者而言，是很好的求道資糧，這是佛陀說的。如果沒有聚集很多福報，就很難找到理想的修行環境以利我們的修行。如果沒有累積很多的福報，就沒辦法遇到良師益友。放下自我，利益他人，這不僅可以消溶我執，也可以創造大量的福報。如果我們想讓世界變得更美好，就必須這樣修行。

我們需要與眞我合而爲一，這樣才能完全地體現《心經》；與眞實自我結爲一體了，般若智慧才能顯現。欲達到這樣的目標，我們就應該不斷地學習、思維《心經》，練習禪修，並且過利他的生活。如此一來，我們黑暗的自我便煙消雲散，內在的智慧之光便照耀出來。這便是痛苦的結束。

一旦我們證得內在不受染污、不被摧毀的佛性，我們便能與一切諸佛手牽手，走在大道上。

走向根本！

對於那些只顧枝節的人，我無能為力！

——永嘉禪師

2

進入菩薩道

牛吃了草，草會變成奶；毒蛇吃了卻會變成毒。

——古諺語

《心經》一開始是：「觀自在菩薩……。」相對地，大部份的佛經都以「如是我聞」爲開經語，說明說話者是誰？該部佛經是什麼時候宣講的？在什麼地方？講給誰聽的？可是，《心經》一開始並沒有序文，因爲《心經》就是所有般若波羅蜜多文學的精要，形式極其簡約❶。

「觀自在菩薩」的梵文英譯是 **Avalokiteshvara Bodhisattva**。字首 **ava** 是「向下」，**lokita** 意思是「注視、觀察、看」，而 **ishvara** 表「君主、大師、統治者」的意思。所以，**Avalokiteshvara** 字面上是「垂視世間的君主」，或「俯視世界的大師」。這個名字裡雖然沒有「世界」的字眼，卻是隱藏在其中的。

Bodhisttva（菩薩）字面上是「覺悟者」或「開悟的存在體」。**Bodhi**（菩提）是「覺醒」或「開悟」的意思。**Sattva**（薩埵）意思是「存在體」。在大乘佛教裡，菩薩是一位理想的修行者，他尋求無上的覺悟，不是爲了自己，而是爲了所有的有情眾生。他修行的動機和目標是爲了救度所有的有情眾生出離痛苦，達到完全的自在解脫。

大乘佛教裡有許多位菩薩形象。比方說，在許多經典裡，釋迦牟尼佛提到的菩薩有文殊師利菩薩、地藏菩薩，以及大勢至菩薩。這些菩薩都是已經完全覺悟者。他們雖然已經證得無上正覺，卻還維持菩薩身份，而不進入涅槃。因爲在他們修行之初，他們早已發願，除非眾生度盡，否則不入涅槃。這些菩薩持續幫助無數的眾生離苦得樂。在許多大乘佛教的寺院，菩薩大多採立像，象徵他們還努力不懈的拔度眾生。《心經》裡面的主角是觀世音菩薩，祂修持般若波羅蜜多法門以濟度眾生。

Chenrezig 是藏文的觀世音菩薩，意思是以慈眼「一直垂視眾生者」。在這裡，chen 是「眼睛」，re 是「持續」，zig 是「看」的意思。

不管在東方或在西方，觀音或觀世音，都是這尊菩薩最常見的譯名，字面上的意思是「向下觀看世界聲音（哭聲）者」。觀音菩薩是諸佛慈悲的化現，觀察世界上眾生的所有

❶有些《心經》的版本的開經文是標準的序文：「如是我聞」，但是這句話的真實性受到質疑。佛學學者相信這句序文是後來加上去的，是為了讓這部經看起來更真實。見 Red Pine, *The Heart Sutra*, 41-42.

苦難。出於這個精神，觀世音菩薩也意譯成「大悲菩薩」，或稱爲「施無畏者」，因爲他幫助眾生，拿掉他們的憂慮與怖畏。

大乘佛教的寺廟中，安奉釋迦牟尼佛的大雄寶殿，兩側有兩尊站立的菩薩像，代表兩尊輔佐佛陀的菩薩。一尊是大悲觀世音菩薩，另一尊是文殊師利菩薩（大智菩薩）。在佛教淨土宗的傳統裡，極樂殿的主尊是阿彌陀佛，兩尊輔佐的菩薩分別是大悲觀世音菩薩和大勢至菩薩，後者代表大智大力。

大悲觀世音菩薩的形象眾多。菩薩有時手持蓮花，有時持淨水瓶，止息眾生的乾渴（欲望之意），其他時候拿著一顆如意寶珠。菩薩的肖像有時是千手千眼，象徵著菩薩的全知全能。十一面觀音多出十個臉孔，讓祂得以在十個方位觀察、幫助所有的眾生。馬頭觀音採憤怒形象，象徵菩薩的另一種化現，能夠解救畜生道的無知眾生。所有這些形象和化現代表觀世音菩薩能用種種方式，依眾生的層次和境況解救他們。

在《妙法蓮華經》裡，佛陀提及大悲觀世音菩薩：

無盡意！是觀世音菩薩成就如是功德，以種種形遊諸國土，度脫眾生……

觀音妙智力，能救世間苦，俱足神通力，廣修智方便，十方諸國土，無剎不現身。

汝等應當一心稱觀世音菩薩名號，是菩薩能以無畏施於眾生。

汝等若稱名者，於此怨賊當得解脫！

觀世音菩薩是一個歷史人物，但同時也代表著我們「初心」中的慈悲面向。只要我們的修行是發願要利益眾生的，那麼我們就是大悲觀世音菩薩，我們也就變成了《心經》裡面的主角，不管我們是在家出家，已婚未婚，住在寺院裡或凡俗社會中，這當中是沒有差別的。

有一次我聽基督教的牧師說一個九十歲老婦人的故事。她身體已經很虛弱，但是只要在報章雜誌上發現一則正向的故事，她便剪下來。等到身子好一點，可以出去了，她便把這些文章帶去給附近療養院的老人看。她帶著療傷止痛的故事、激勵人心的話語四處走訪，所到之處，備受歡迎。影響所及，周遭的人開始學她的榜樣，也為困乏中的人做相同的事。

我在費城圓佛教寺院及研究所工作時，也看到了很多菩薩。有些義工很早就來準備點心，有些來協助活動事宜，還有些來幫助韓國外交官改進他們的英語。這些人都在完成觀世音菩薩的任務。

《心經》的教義從標題便隱約可見：《摩訶般若波羅蜜多心經》——透過智慧來超越痛苦。那主角何以不是大智文殊師利菩薩，而是大悲觀世音菩薩呢？抉擇與菩提心有關，也就是我們修行的動機，這是大乘佛教的重點所在。

中國史上最偉大的佛教翻譯師——玄奘

玄奘（西元六〇二～六六四年）是中國歷史上偉大的佛教翻譯師。他接受《心經》的方式能爲菩提心做最佳的詮釋。在玄奘的時代，中國雖然已經有很多佛教的譯經，但當時他還是個年輕的和尚，所以很想透過巴利文和梵文的佛經原典來認識眞實的佛法。他在二十九歲時啓程去印度，爲的是去學習巴利文及梵文的經典，並且把它們帶回來。這趟旅程既漫長又極度的危險。他必須越過塔克拉瑪干沙漠及印度的興都庫什山脈，此山脈爲喜瑪拉雅山西邊的支脈。在他之前，大部份踏上這條旅程的先人都沒有回來過。

玄奘的印度之旅十分艱鉅，持續了很多年。在他的旅途中，他必須克服許多危險的情況。最後，他來到了恆河北部的小村莊。在過河的前一晚，他決定在佛寺掛單過夜。在他找尋寺院的時候，他發現這是一個廢棄的村莊。那裡根本就沒人住！後來他終於找到一間古老的佛教寺院，走進去後，他看到一個病懨懨的老和尚，聞起來有罹患皮膚病的味道，看起來就像痲瘋病患者。玄奘問他怎麼啦？村民都到哪兒去了？這個老病交迫的和尚告訴他，整個村莊得了流行病，村民們都逃了，避免得到感染，而自己又弱又病，所以索性留在寺裡。

玄奘不知自己該留下來照顧那個病和尚，還是隔天早上離開，繼續自己的行程？後來他決定留下來，因爲他覺得，沒有留下來幫忙的話，那個病和尚也許會死掉。接下來幾個禮拜，玄奘一直留在寺裡，盡心盡力地幫助那個老和尚。在他的悉心照顧之下，和尚的精神恢復了，也感謝他的幫忙。當玄奘要離開的時候，老和尚給他一個小盒子，說裡面是傳寺之寶，日後若有危急的情況，可以打開盒子使用裡面的東西。玄奘謝謝他的禮物，然後就離開了。

他來到了恆河畔，準備渡船過河。在那裡，他遇上了一些原始部落的人，他們正在物色活人來做爲祭祀犧牲用。這個族慣例要犧牲活人來平息河神。他們把玄奘綁起來放在船上。在他快要被丟到河裡時，突然想起老和尚的話。他很快地打開盒子，發現裡面有一部短經，還有一張紙條，上面說若遇危險的情況，可以念這部經，而且要念上三次。玄奘馬上大聲地讀經。第三遍快要結束時，一片烏雲突然來到上空，頃刻間大雨滂沱而下。那些族人開始害怕起來，一致認爲玄奘是神人，很快地將他釋放了。

玄奘花了六年才來到那爛陀大學❷，他在那裡學習巴利文和梵文的原始佛教經典，學習了很多年，遭遇了種種危險的境況。仰仗著那部經，他都安然度過。學成歸國時，他去尋找那間當初碰上老和尚的寺廟，想要去謝謝他，因爲他致贈的經典讓自己克服了許多困難。玄奘尋遍了整個鄉間，但就是找不到那個村莊。他問了很多人，知不知道幾年前有一個鬧流行病的村莊？他們都說，他們已經在那個地區住很久了，就是沒聽過那個村莊。於是玄奘心裡很篤定，那一定是大悲觀世音菩薩化現來考驗他的。

他從老和尚那裡接受的經典就是《心經》。在許多佛教的傳統裡，慣例的做法是把《心經》念三遍，這也是來自於盒子內的指示。然而，大多數只要把最後的「揭諦　揭諦　波羅揭諦　波羅僧揭諦　菩提娑婆訶」念上三遍即可。

玄奘從印度回國後，受到皇帝的歡迎，並賦予將佛經原文翻譯成中文的大計劃。《心經》具有神力的故事廣爲流傳，而唱誦《心經》的修法也變得廣受歡迎。

中國雖然早已有很多《心經》翻譯的版本❸，玄奘在西元六四九年的譯文卻變成亞洲通行的版本。大多數的英譯都是以他所譯的中文版本爲藍本。

不管當年玄奘接受《心經》的故事是否有史實的根據，他在接受《心經》前所受的考驗在佛教的義理上是很重要的。在他接受《心經》之前，他必須先通過考驗，看看他是否俱足菩提心，是否有足夠的大悲心來利益眾生？

修行就像開車。首先，我們必須知道我們的目的地，或者我們的目標。接下來，我們的旅行夥伴也一樣重要。有旅行經驗的人都知道，同行的遊伴有多麼重要。根據佛陀的教法，修行者的最終目標是成佛，從娑婆世界、生死輪迴裡解脫出來。然而，我們是跟所有的眾生一起旅遊的，所以我們應該跟他們一起成佛。

崇山行願禪師是大乘佛教的修行者，他把禪修分成幾個類別。第一類叫做「外道禪修」。韓國有許多物理學家也練禪修，而且會做各種靈修。但是他們的目的大多是想賺更多的錢，所以很難說他們走在正道上。他們的修行終將徒勞無功。

第二類叫做「凡夫型禪修」。許多人禪修或靈修只是爲了減壓或得到內心的寧靜。禪

❷那爛陀是印度比哈省的古僧伽大學，約西元前五世紀建立，發展為古代最偉大的佛學學習中心，公認是有歷史記錄以來最早的偉大大學之一。佛陀曾多次駕臨那爛陀，傳授了很多重要的法教。根據藏文史料，龍樹菩薩在那裡出家，並教授佛法。那爛陀大學的全盛時期曾吸引世界各地的學者和學生前往就學，包括中國、韓國，還有希臘。西元七世紀，玄奘大師在那爛陀學習的時候，教師有一五一〇位，學生有八五〇〇位。

❸《心經》的第一部中文譯本為中亞僧人支婁伽讖所譯，大約在西元一百～一百五十年之間，經題為《般若波羅蜜多陀羅尼》。見 Red Pine, *The Heart Sutra*, 16-27.

修，還有另類的靈修，當然能達到這些目的，但這只能算做凡夫禪修的動機罷了。

第三類稱爲「小乘禪修」，此類人士修行的目的是爲了了生脫死，斬斷輪迴，得到完全的解脫。他們修行的目標明確，但只要他們的修行是光爲自己求解脫的話，仍然算不上最崇高的修行。

最後一類是「大乘禪修」，爲了所有眾生故禪修。這些人是出於慈悲心而禪修，爲了幫助所有眾生脫離痛苦而修。菩提心便是他們修行的動機。

Yana 是「交通工具」或「運輸」的意思。**Maha** 是「大」，**hina** 是「小」的意思。所以 **Mahayana** 是大乘、大車，而 **Hinayana** 是小乘、小車的意思。大乘、小乘並不是眞的存在的佛教傳統或佛教名，它們只存在你我的心裡。如果我們修行的動機是利益眾生，那麼我們都是大乘行者，開著大車；要是我們修行只顧自己，圖利自己而已，那麼我們都是小乘人，開著小車。

先發願，再修行

菩薩若要得大果位，沒有不先發願的。就觀世音菩薩而言，他發願得大覺悟，發願救度所有受苦的眾生。

在《金剛經》裡，須菩提——他是佛陀的十大弟子之一——請問佛陀，修行者如何控制散漫的心（如何降服其心）時，佛陀答說，所有的修行者都應該發大誓願，拔度一切眾生，如此便能調服其心。

> 佛告須菩提：諸菩薩摩訶薩，應如是降服其心：所有一切眾生之類——若卵生、若濕生、若化生，若有色、若無色，若有想、若無想、若非有想非無想，我皆令入無餘涅槃而滅度之。

讀大學的時候，我認識一個超級敏感的學生。他彆彆扭扭，容易因爲別人的意見感到受傷。考試的時候，很擔心不會有最佳的表現。大二那一年，他參加了學生運動，該團體的思想意識是基於社會主義的。他總算感受到自己已經找到人生的目標。突然間，他變得專注而平靜，不再緊張焦慮，也不管別人怎麼想了。他並沒有禪修，所有的寧靜與平和來自於人生目標的確立。

同樣的，在《金剛經》裡，佛陀一開始就要求所有的修行者先發願再修行。此人生目標或願心讓修行者的心集中、聚焦起來：

有一弟子問：「修哪種法門才能去除五欲，專心一意的修道，過著寧靜、安和的生活，如同佛陀一般？」

圓佛教的創始人答道：「不要去除慾望，相反地，你要擴展欲望。一旦你那些小小的欲望化爲偉大的願心時，欲望自動消退，正因爲你專心一意在你誓願上的緣故。如此一來，你將自然而然過著寧靜、安和的生活了。」❹

我們的願就像根：那是我們修行的基礎。就像根一樣，我們的願心也會生長、茁壯。正如我們種植、澆溉、培育一顆種子一樣，我們的願心也需要關注才能成長。這就是爲什麼大乘寺院每一次課誦都要唱誦四宏誓願的原因，同時也唱頌《心經》，特別是把最後一句唱三遍：揭諦　揭諦　波羅揭諦　波羅僧揭諦　菩提娑婆訶。「去吧！去吧！去到彼岸吧！一起去彼岸吧！現在就覺醒吧！」佛陀要我們不時地對我們所發的願做反思，不斷反省我們生命的流向。

佛陀離開皇宮的時候，發了兩個願：成等正覺，然後普度眾生。由於這樣的願力，佛陀坐，他便與所有的眾生同坐。佛陀吃飯，便與所有的眾生一起吃飯。如果我們像佛陀發一樣的大願，那麼只要我們坐著，所有的眾生便與我們一起坐著。當我們吃飯的時候，所有的眾生便得到滋養。以發這樣的大誓願當修行法門，其力宏大，不亞於政治家要求軍事解除武裝，或幫助非洲飢餓的孩童一般。菩薩有時亦稱作摩訶薩，或稱作「大士」，不僅因爲他們甚深的覺悟，也因爲他們誓願的廣大無邊。

不只非洲曼德拉總統或馬丁．路德才是菩薩，如果我們發這個大願，我們也都變成菩薩摩訶薩。不只是甘地或德雷莎修女才神聖，只要我們立下大願，我們也超凡入聖了。不是說一天禪修十或十二小時的便是聖者，也不是說在喜馬拉雅山修行的便很神聖了。所謂聖者是已立下宏誓，遵循誓願，身體力行，最後完成誓願的人。在俗世裡過著聖潔的生活是困難多了，也神聖多了。

很多年前，有一座橋在尖峰時段坍方了，因爲它承受不了這麼大的交通流量。調查後顯示，這件事情的發生是因爲當初有一位工程師誤算了交通車流的重量。一個人的疏失釀成這麼大的悲劇，造成重大的傷亡。在失事的那段日子，人與人之間的關係緊密地連在一起。一個人有難就好像變得個個有難，一個國家有問題就變成全世界有問題了。我們不能只靠一己的力量生存、興榮，沒有他人協助，我們就活不了。我們欠眾生的恩太

❹ *The Scriptures of Won-Buddhism*, 169.

多了，這是不爭的事實，所以我們生活在一起，工作也在一起。讓我們一起種植菩提心的種子，並且發大願來利益眾生。讓我們培育那顆種子，直到它成長茁壯，讓眾生都可以在它下面休息。

生命的特質就是苦與缺憾。只要我們生、活在這個世界上，就無法脫離與生命俱在的苦，不論是老、病的苦，還是求不得的苦。

僧璨禪師❺年輕時患了類似痲瘋的皮膚病，怎麼醫都醫不好，失去了正常的人際關係，索性就去學禪修。就像僧璨一樣，很多開悟的大師都把他們的苦難轉化爲大願，也化爲修行的動力。生命中的苦痛變成了養料，幫助願心和修行成長茁壯。

現在我們看看大悲觀世音菩薩當初是怎麼發願的。《本生經》（也就是佛陀前生諸多化現的故事）裡記載一個商人有兩個兒子。老婆過世後，他又再婚了。但是新娘不喜歡他的兩個兒子。等到她自己生小孩後，對那兩個兒子的恨越來越深。一天，她先生出城去了，她決定趁機除掉他們。她買通了一個船夫，把他們帶到一座遙遠的島上。等小孩自己玩得正起勁的時候，船夫就離開島，丟下孩子。黑夜來臨了，孩子開始害怕起來。他們尋找船夫和他的船，整夜叫他的名字，可一點用處也沒有。夜越來越深，氣溫也下降了。他們又哭又餓，渾身發抖，所以就抱在一起取暖。快要冷死的時候，他們發願說，只要有人呼喊他們的名字，他們會馬上趕過去幫助他。他們會幫助受苦的眾生脫離痛苦。這是他們臨終前的遺願。

他們的父親出差回來以後，發現自己的兒子不見了。他放下工作，到處找他們。最後，他來到那個遙遠的島上，發現了他們的屍體。他明白事情發生的經過。對於俗世，他感到幻滅，所以決定出家當和尚。幾世幾劫之後，這個父親變成了阿彌陀佛，大兒子變成了大悲觀世音菩薩，小兒子變成了大勢至菩薩。因爲這樣的因緣，這三尊覺悟者常常並列的被安奉在佛寺裡的極樂殿，被尊稱爲「西方三聖」。

苦痛是肥沃的土壤，大誓願能在其上發芽生根。苦痛帶來了巨大的能量，促發了人們修行的虔誠動機。事事順心的時候，我們不太會反省生命。如果我們舒舒服服地活在自己的天地裡，我們的生命很難重新出發。正如蓮花在淤泥裡開花成長，我們的誓願和修行也在痛苦逆境裡茁壯。只要我們大願的種子沒有枯萎死亡，最終會長出佛性的果實。當我們帶著大願修行，誓願利益所有眾生的時候，我們就與諸佛菩薩手牽手、並肩而行。

---

❺禪宗第三代祖師。僧璨是第二代祖師慧可的法嗣。僧璨最為人知的是，他是赫赫有名的禪宗論著《信心銘》的作者。

3

根本沒有「我」

我帶著問題來問洞悉至善的人：一個人怎樣看待世界，死神才不會找到他？視世界為空無，摩伽羅諸啊！永遠保持醒覺，摒棄自我實存的思想，這樣才能越過死神；死神找不到這樣看待世界的人。

——佛陀《經集—彼岸道品》

觀自在菩薩行深般若波羅蜜多時，照見五蘊皆空，度一切苦厄。

在這一章裡，我們要好好的來探討上面引文裡的一些名相術語。

……波羅蜜多……

波羅蜜多是各種不同的訓練，用以淨化我們趨於至善，因而達到開悟的境界。波羅蜜多是「完美」「跨越」「到彼岸」的意思。**般若波羅蜜多**，意即「圓滿的智慧」，是六度波羅蜜之一，能度我們到達涅槃的彼岸——從痛苦的此岸到達解脫的彼岸。除了般若以外，其他的五波羅蜜分別是「禪那」「尸羅」「檀那」「毗梨耶」和「羼提」。每一度的波羅蜜多都反映並支持其他五度。必須六度齊修才能達到涅槃彼岸。

禪那（Dhyana）表一心專注，或禪思之意。這是一個深度定靜的狀態，特色是清楚覺知，制心一處。當我們的心集中而平靜時，內在的般若智慧就升起了。這就像湖面平靜無波時，月亮便能清楚映現。所以，要顯現般若智慧，專心一意是很重要的。般若和禪那（禪定）是不可分的，一如銅板的兩面。梵語 dhyana 譯成中文是「禪那」或「禪」；譯成韓文是 Seon；譯成日文是 Zen。

尸羅（Sila，**戒**）是道德或行爲適當之意。合乎道德的行爲包括適當的言語和健康的行動，這些有助於內心的寧靜與專注。尸羅與般若是密不可分的：道德的產生來自於身口意的克制約束。沒有尸羅的戒德，心就無法在般若裡植根。

檀那（Dana）是慷慨布施之意，把自己捐出去。欲望和雜念的根本在於我們的自我。布施，特別是捐出我們所珍愛的東西，是消融自我最佳、最有力的方法。檀那是眞我（也就是無我）的表現。修行檀那波羅蜜多可以培養菩提心，因而長養慈悲心。我們的心變得開放而慈悲時，我們就開始安定下來，眞智慧也就開始顯現。

毗梨耶（Virya）是精進、能量、活力，或努力的意思。沒有精進不懈、沒有能量的話，其他五個波羅蜜就很難圓滿。不論是禪定、布施、忍辱或持佛戒律，如果沒有充沛的活力與能量努力辦道，就很難有所成就。你可以這樣想：擁有一本食譜並不能幫你變成大廚師。你得眞正把食物煮了，才能有一頓大餐，同樣地，要實踐所有的波羅蜜多，你得精進不懈才行。

羼提（Khanti）是忍辱、堅忍、忍耐的意思。僧璨禪師說過：「人如果沒有耐心，六度波羅蜜慈悲無限的作用力就得不到。」修煉其他的波羅蜜要修得好，耐心與堅持是不可或缺的。我們不可能剛播下種子就期待馬上有收穫。要所有的波羅蜜開花結果是要花時間的，得有很大的耐性才可以。一旦走上精神道路，每天都得和自我的欲望、懈怠、貪婪、和嫉妒交戰。禪修的時候，障礙重重，從懷疑、無聊到不安都有。沒有忍辱波羅蜜的話，就不可能持續成就其他的波羅蜜。

如此你會發現，六波羅蜜根本就是密不可分的。就像因陀羅網❶上多刻面的珠寶，每一度的波羅蜜都含攝並且反映其他的波羅蜜。因此，般若波羅蜜要修得好，其他五度波羅蜜就要齊修。《般若八千頌》經文裡，佛陀告訴阿難：「經由修習全方位的知識，般若波羅蜜含攝其他五度波羅蜜。般若波羅蜜是六度波羅蜜果熟的同義詞。」圓滿般若波羅蜜是所有波羅蜜修煉完成的結果。前五度波羅蜜（禪定、持戒、布施、精進、忍辱）能累積福報，而第六般若波羅蜜專修於智慧的累積。般若波羅蜜既能引領其他的波羅蜜，同時又是其他度圓成的結果。

……行……

經文裡的「行」是梵文 caryam caramano 的翻譯，字義是「行動的執行」。因此，般若波羅蜜不是讓你去想的、去討論的或去思維的，而是讓你去做的，這樣才能開悟。

幾年前我在圓佛教研究所工作的時候，有一次我正籌劃一項大型活動。當時我要求我們法師預科班的學生（他們正在學習圓佛教）來幫忙一些工作。但是他們很不情願幫忙，因為他們要寫期末報告。他們想把工作拋給別的學生，這樣做實在很不慈悲。是哪一科要交報告的呀？他們告訴我：「慈悲原理」。

圓佛教第二代祖師鼎山大師說：「讀一篇文章十次不如思維它一次；思維一百次又不如力行它一次。」慈悲與智慧都不是口頭說說，或腦中想想，而是用來實修的。

❶因陀羅網（亦稱作因陀羅寶珠，或因陀羅珍珠），這是個隱喻，說明萬物相生、相互關聯的大乘思想。這個隱喻來自《華嚴經》，該經為大乘佛教很重要的一部經典。因陀羅網是一個巨大的網，無限地跨越十面八方的空間。這張巨網的每一個交叉點都有一顆閃亮的寶珠，每一顆寶珠都反映其他的寶珠還有整張巨網。這個隱喻闡明了整體性的教理，意即整個宇宙的體性包含在一微塵裡。

既然六波羅蜜是密不可分，彼此互補，缺少一樣，其他就不足。因此，修行般若波羅蜜就如同練習禪定、參公案、習經典、利他行……如此等等，等同六度齊修。

……深……

就禪定或覺悟而言，深度大有不同。拿視力來說，你也許認爲每個人的視覺都是一樣的。然而有些人的視力是20／20，有些人是20／10。「行深」的意思是以最高的熱度，最大的虔誠，全然地投入來修行般若波羅蜜。大悲觀世音菩薩（漢譯觀自在菩薩）因如此行去，所以達到最深的覺悟。

……時……

在這段經文裡，「時」指覺悟之時。大悲觀世音菩薩所了悟的眞理就是他自己的空性本質，也等同是我們自己的空性本質。「照見」是梵文 pashyati vyavalokayati 的翻譯，意思是「照明般地看見」。覺悟或開悟在中文裡稱作「見性」，字義是「看見本性」。玄奘大師的《心經》譯文已經變成亞洲的標準版，他將 pashyati vyavalokayati 翻譯成「照見」，意思是「光照之下看見」。

《心經》的意思是：「在佛陀的時代，可以看到別人所看不到的就是先知，看得見的人，*pashyaka*。觀世音菩薩的見是『深度』的見。」❷觀世音菩薩的覺悟就像打開燈，用他自己的眼睛看到眞理，而不是在黑暗的房間裡摸索物品一樣。這是開悟的「直接體驗」。

佛陀時代，有一個聰明的瞎眼哲學家，他不承認有光的存在。他說：「如果有光這種東西，讓我可以聞得到或嚐得到——把它放在我面前，讓我可以碰碰它，摸摸它。」許多哲學家都想反駁他的論辯，卻又很難說服那個瞎眼的哲學家。所以有一天他們就把他帶去見佛。佛陀說他沒辦法說服那個哲學家，但是他把哲學家送去看一個很好的醫生，醫生把哲學家的瞎眼治好了。哲學家既然能親眼見到光，就不再懷疑或爭論光的存在了。

對於眞理只做知性的理解就像在餐館裡閱讀菜單一樣。菜單沒辦法飽足你。一旦我們眞正徹見本心，我們的生命和修行將徹底改觀，而我們也像換了個人一樣。

當大悲觀世音菩薩甚深地照見現實的空性本質時，他立刻從所有的痛苦憂傷裡解脫出來。

❷見 Red Pine, *The Heart Sutra*, 67.

……五蘊……

經文中所提到的五蘊來自梵文 **panca skandhas**。Skandhas 意思是聚集、塊堆、蒐集。五蘊是佛教裡最重要的概念。

五蘊是五個構成人類的要素，也是構成我們人格與個體性的五個部份。根據佛陀的說法，人是一堆物質和精神元素的總集：一個物質面，四個非物質的經驗面向。

《心經》所言，大悲觀世音菩薩覺悟到自性本空時，就從一切苦厄中解脫出來。人們最需要的就是離苦得樂的人生。那麼我們痛苦的根源在哪裡？憂傷來自何方？源自於「我」。正如所有的植物生長自泥土上一樣，我們的快樂與悲傷來自於有「我」的感覺。

雖然我們不知道究竟這個「我」或自己是什麼？這個概念可一直跟著我們。因此，讓我們來檢視這個「我」吧。

五蘊的第一蘊是 **Rupa**，英文翻譯成「形色」，指的是我們經驗當中的物質面，包括五個物質感官（眼，耳，鼻，舌，和身體），以及它們相對應的感官物質（色，聲，香，味，和觸覺）。我們的身體，以及所有的物質都是 **rupa**。

下面是非物質面。

Vedana 是感受，感覺的意思。Vedana 的字根 vid 是「知道」「體驗」或「感覺」的意思。

當眼睛接觸到光或視覺形象時，便產生覺受。同樣的，耳朵接觸聲音，鼻子接觸氣味，舌頭接觸味道，身體接觸可觸知的物體，心接觸思想觀念的時候，覺受便升起。（在佛教裡，除了眼耳鼻舌身外，心被視爲第六個感官。）因此，Vedana 包括五個物質性感官，還有我們的情緒。

Samjna 是感知之意，能分辨一物有別於其他物，有認識、分類、概念化，還有推理的作用。Samja 這個字包含 sam，意謂「一起」，以及 jna，是「知道」「感知」的意思。感知作用是根據感官接收的資料而起認識分辨的。

中文把 samjna 翻譯爲「想」。這個字的上半部是「相」，是記號、表徵，或外表的意思。下半部「心」是心智或精神❸的意思。感知是覺受留在我們心裡的印記或痕跡。就物

❸ 一行禪師著，《佛陀之心：一行禪師的佛法講堂》（*The Heart of the Buddha's Teaching*），英文版第52頁。中文版由橡實文化發行。

質層次而言，它能識別我們感官所對應的五種物質。就概念層次而言，它能識別身份名字等。比方說，當我的眼睛接觸到一個圓形物體，透明，十英寸高，中間凸凸的，抽出一根長長的，我就會想，「這是水壺」。這個想法是根據我的經驗或記憶中，水壺就是長這樣子的。這就是所謂的感知。

Samskara 是「衝動」「意志」「意願」，或「心理構型」。這是心裡打算做某事的意圖，不管是有關色、聲、香、味、觸，或心理現象等。舉例說，我碰巧看到一個四十歲的女人，大約六米高，金黃頭髮，穿著黑色皮夾克，很像我的前妻。當我的眼睛接觸到這個女人，視覺感受就升起，這是 **vedana**，第二蘊。根據我的記憶或知識，我的前妻是四十歲，六米高，金黃色頭髮，喜歡穿黑色皮夾克，所以念頭就起來了：「她是我的前妻」。這是 **samjna**，或感知，第三蘊。這些覺受或感知可能是愉快、不愉快的，也可能是中性的，這全靠我對我前妻的感覺。隨著覺受與感知而起的是喜歡或不喜歡，想要推開或拉進的欲望就起來了，這就是 **samskara**，也就是業力產生的階段。佛陀說：「比丘啊，意志決斷力便是業力的所在。只要下了意志，就會透過身、語、意去行動。」[4]

Vijnana 是「意識」的意思。意識是基本的覺察能力，讓我們的經驗變得可能，使我們得以維持、認識、比較、儲存，並且記憶資訊。有了意識，我們可以知道其餘四蘊。

比如說，前一念我還在想，我看到的那個女人是我的前妻，後一念可能馬上升起。比方說，看到她仍然穿那件皮夾克，我可能會思考，她就是這樣，永遠長不大。她幼稚，這就是我們問題的根本。或者我也許會注意到，她看起來很有型，或許我再跟她重續舊緣也不錯。與她重逢可以強化我對她的感情。

你的思想儲存在你的意識裡，正如同一粒種子播種在土壤裡。當那粒種子遇到合適的機緣，就會發芽生長。同樣地，所有儲存在你意識的記憶遇到機緣時也會被喚醒過來。舉同個例，當你寂寞時，或者當你湊巧碰到有人穿著某一款的皮夾克，對你前妻的記憶就被觸發了。

在我們的生命裡，意識扮演著最重要的角色。我們所有的思想、行動，以及衝動都以種子的形式儲存在我們的意識裡。這個意識，儲存著不同的業力種子，把我們跟他人區隔開來，也連結今生與來生。

我從羅睺羅尊者那邊聽到一個故事，他是西維吉尼亞修行協會前任美國住持，屬南傳

❹見 Rahul, *What the Buddha Taught*, 22.

佛教寺院。年輕時，他到印度旅行。有一天，他去到一間佛寺，參加一場法會。當時他雖然不是佛教徒，也不是過靈性生活的人，但當他聽到法師說法時，突然間，他覺得內心受到觸動了。連他自己也不懂爲什麼，他就想要留在那間寺院裡。後來他就出家了。

上高中時，我跟朋友去爬山。突然間山裡起了濃霧，我們迷路了。誤打誤撞地，我們到了一間佛寺，小小的，沒什麼人住。可我一進去時就覺得安心，好像回家了，我想我應該住這裡才對。

韓國有一個禪師出家的因緣是因爲十來歲時和母親去了一間寺廟。當時廟堂上風吹過的聲音讓他升起強烈的無常之感。

這些想法都是過去世播下的種子，遇緣即發。

這些精神上的蘊集很難分清彼此，因爲它們緊密相連，而且常常同時升起。繁華的都會終點在哪兒？而郊區又始於何處？臉頰和下巴的交界又在哪裡？不過，五蘊享有共同的特質：它們都是依緣而起的。這也是說，不管是哪一蘊，它的升起都必須仰賴因緣的。五蘊無法獨立存在。

現在，讓我們從緣起的觀點來檢視五蘊：

色。我們的身體仰賴我們所吃、所喝、所呼吸的空氣而存在。沒有我們的父母，祖父母，我們無法生存。這個色身是暫時性的存在，是多種元素結合而成的，隨著時間的流逝而逐漸流失。

受。感受是條件性的存在，意思是感官遇到感知物（如聲音，味道等）時，相對應的感受才產生。比方說，當我的耳朵聽到我母親去世的消息時，傷心的感受就升起了。不愉快的回憶湧現時，忿恨或生氣的感覺就起來了。所以不管感受是什麼，都是依緣而生的。

想。如同色與受一樣，想（感知）依外境而生，是條件性的存在。拿前面的例子來說，我認爲那個女人是我的前妻，這個念頭的產生是基於我的視覺（我看到一個四十歲的婦女，金頭髮，六米高，穿皮夾克）以及我的記憶（我想起我的前妻，她也是金髮，高䠷，習慣穿皮夾克）。沒有覺受的話，感知（想）無法產生。

行，衝動或意志力。沒有受（感受）與想（感知），行（衝動或意志力）無由產生。如果沒有看到那個金髮，高䠷，穿皮夾克的婦女，如果沒有回憶，想要接近或避開她的衝動便無法升起。

識（意識）。不管這個識是視覺的、聽覺的、嗅覺的、味覺的、觸覺的，或心識的，都是條件性的存在。任何一個識都不是獨立自主的存在。每一種識的升起都是因爲我們的感官遇到了對象。

……五蘊皆空……

佛陀說：「有了接觸就有感受……有了接觸就有感知……有了接觸就有意志『衝動』的形成。」

不管是身體的、心理的，或情感上的，五蘊都是依外境而升起，因此都是有條件性的存在，本體上沒有實存，本質上不實有。這就是「五蘊皆空」的意思。

這句經文的梵文是：「panca skandhas tams ca sva bhava sunyam」，意思是「五蘊無自存」。雖然大多數《心經》的中文或英文的譯文都使用「五蘊皆空」的詞語，梵文最能表達眞正的意思：「五蘊無自性」，「五蘊本體上沒有實存，也沒有一個恆常不變的自性。」

正如同「充滿」這個概念總是意味著「充滿什麼」——舉例說，大廳可能充滿著人，但這裡空的意思是五蘊裡空無實體。

不論是身體的、心理的，或情感上的作用，一切都是對境而生的。既然所有的現象都空無自性，沒有眞實的存在，就絕對的層次而言，它們是不存在的❺。五蘊並沒有內在的明確特徵，也沒有長久不變的自性。它們在某些情況之下升起，而且也不停地在消失當中。它們不斷地變形。舉例來說，我們的身體一直在變化當中：我們的頭髮和指甲不斷地生長，同時在每一秒當中就有兩百到兩百五十萬紅血球出生及死亡。即使我們一整天都在生氣，充滿怨恨，生氣或憤恨的質量和強度也時刻不同。

五蘊的存在就像河流一樣，川流不息。水一直都在，但時刻在變。無常是五蘊的特質，也是一切事物的本質。佛陀說：「五蘊升起、衰敗而滅亡，比丘啊，你也每一刻都在出生、衰敗和死亡。」❻

事物的存在如同變遷的潮汐。無常是一切事物的本質。所有的存在都是條件性的，短暫性的。事物的升起從無到有，又會歸於無。

就像科學家研究分析水的構成是 H_2O 化學元素，大悲觀世音菩薩深入探究「我」或自己後發現，我們痛苦升起的基地原來不是實存，而是空的。這意謂著自我實體的概念只是心理的建構，它是幻相。自我的存在不過是一個名字或一個概念而已，就絕對層面而言，它根本是不存在的。

---

❺五蘊性空的哲學解釋，見 Garfield, trans., *The Fundamental Wisdom of the Middle Path*, 12-13.

❻見 Rahul, *What the Buddha Taught*, 33.

……度一切苦厄……

正如同草無地不生，體悟自性本空，痛苦就沒有立足點，無法升起。（請看下一章有更詳細的說明。）這樣的體悟可以永久的將痛苦止息，所以開悟是根除苦厄之道。

慧清大師說：「如果有人了悟五蘊是空的，那痛苦還能依附在哪裡？一旦泡沫破掉，化成水，就不再是泡沫了。泡沫代表存在體，水代表我們的佛性。」❼

紫柏眞可禪師說：「把心當作四蘊的話，就找不到受苦的人是誰了。」❽

觀世音菩薩觀察「誰」在受苦，而不是「爲什麼」受苦時，他看到了自我的空性本質。他領悟到苦痛的根是不存在的，所以就從苦厄當中解脫出來了。（下一章有進一步的解釋。）

很多時候我們身陷某種情境或某種境遇（比如我們的老闆，我們的工作，我們的財務狀況等等）而受苦時，我們就怨天尤人。大悲觀世音菩薩將光明轉而向內，照見痛苦的根源，原來因爲有「我」或「自己」。

佛教認爲所有現象都有三個共同的特徵，也稱「三法印」：

一、諸行無常。（一切事物都是變化無常的。）

二、諸法無我。（一切事物都無自性。）

三、涅槃寂靜。（一切皆苦，帶有缺憾。）

無我（空性）及無常描盡了所有事物的存在，既是條件性也是短暫性的。因爲無常，所以是苦。即使經驗了快樂，一晃眼也就過去了。佛陀說，「凡是無常的就是痛苦的。」❾無我、無常、痛苦是一切事物的三大特徵，也是一個究竟實相的三個面向。這是佛教裡的三位一體。

《雜阿含經》記載：

如是我聞：一時佛住舍衛國祇樹給孤獨園。爾時世尊告諸比丘：「色無常，無常即苦，苦即非我，非我者亦非我所。如是觀者，名眞實正觀。如是受想行識無常。無常即苦，苦即非我，非我者亦非我所。如是觀者，名眞實觀。聖弟

❼見 Rahul, *What the Buddha Taught*, 70.
❽見 Rahul, *What the Buddha Taught*, 70.
❾見 Rahul, *What the Buddha Taught*, 25.

子！如是觀者，厭於色，受、想、行、識，厭故不樂，不樂故得解脫。解脫者眞實智生：『我生已盡，梵行已立，所作已作，自知不受後有。』」時，諸比丘聞佛所說，歡喜奉行。

我大學時代的一個韓國同學告訴我，他有個女同學跟一個又帥又聰明的年輕人交往多年了。她挺喜歡他的聰明和靈性。可是她大學一畢業，她們全家就搬到美國，所以她跟男朋友就分手了。正當她在美國攻讀博士學位時，她聽說男朋友在證券公司上班，也結了婚。可是她仍然愛著他，不時地想到他。等到博士學位一拿到手，她馬上飛回韓國，打電話給他。他們相約在一家二樓的咖啡廳見面，外頭看下去便是一個美麗的庭園。當她看到他走進咖啡廳時，心裡嚇了一跳，這個人在外表和個性上跟以前都不一樣了。他的頭又凸，身體又胖，嘴裡不停地談著股市，滿口錢經。她記得以前的他又浪漫又理想派，很愛談哲學。可是現在聽聽他，這才了解到，這麼久以來，心裡所珍藏印象中的他已完全走了樣。看看下面庭園中所陳列的瓷器，她覺得彷彿自己心目中的他也如瓷器一般地破碎了。

心裡頭的印象也許恆常保持著，但事物的變化是毫無例外的，不管人或物都一樣。不論一朵花有多美麗，終究還是要凋萎的。

我們應該擁抱生命中的每一個變化球。一個聲音、一道光線、一縷芬芳，我們都把握不住，所以無常是一個無法拒絕的事實。不能接受無常，就好像小孩爲雪人的融化而哭泣。他搞不懂爲什麼雪人沒辦法久久長長？

身爲修行者，我們應該學著享受生命中的每個面向，就像我們欣賞交響樂的每個音符，或是花蕾到花開的每一個階段。一旦了悟到無常的眞諦，並且接受無常的話，我們在日常生活中所享有的自由自在就越寬越廣了。

佛陀說：「所有的足跡當中，大象的腳印是無以倫匹的。對佛陀的追隨者而言，思維無常的禪修也是至高無上的。」[10]

與其說：「今天是我過下半生的第一天。」修行者最好說：「今天也許是我生命的最後一天。」

---

[10] 巴楚仁波切著，《普賢上師言教：大圓滿龍欽心髓前行指引》（*The Words of My Perfect Teacher*），英文版第五十六頁。中文版由橡實文化發行。

幾年前，在韓國有一個中學生的文藝競賽，由某家報社所贊助。當時的作文題目是「如果只剩下三天的生命，你怎麼辦？」獲得首獎的文章刊登在報紙上。

一個學生寫道，如果只有三天可活，第一天他要拜訪所有認識的人，跟他們說聲謝謝。他們的存在讓他很感恩，他要由衷謝謝他們。第二天他要拜訪一些療養院和孤兒院，安慰並且幫助裡面的院民。最後一天，他要退居山林，晚上凝視滿天星斗，靜思宇宙的奧秘及人類的處境。

諸佛不就是要我們天天這樣做嗎？如果只剩下三天的生命，你會怎麼做呢？

4

有人在嗎？

道信（西元五八〇～六五一）還只有十四歲時，拜見禪宗第三代祖師僧璨禪師。

道信說：「大師慈悲，請教我解脫之道。」

僧璨回答：「誰綁了你？」

道信頓了一下，想了一會，說：「沒有人。」

僧璨又說：「既然沒有人綁著你，為什麼要尋求解脫？」

道信聞言，當下開悟。

他隨侍僧璨九年後，成為禪宗第四代祖師。

觀自在菩薩行深般若波羅蜜多時，照見五蘊皆空，度一切苦厄。

每個人都渴望快樂。不管你從哪裡來，住什麼地方，生命的目標都是一致的：快樂。我們受苦的原因各有不同，有時是財務的問題，或是惡劣的人際關係。有時是一場破碎的夢，或僅僅是發了脾氣，心情憂鬱等。不管是什麼原因，我們痛苦的根源永遠是「我」

或「自己」的緣故。

上面《心經》的引文談到，大悲觀世音菩薩覺悟自性時，就永遠的從憂悲苦惱裡解脫出來了。

我們來仔細的檢視這個「我」，以便能從根本上消除痛苦的根源。

什麼是「我」?當然，「我」跟我們的身心是息息相關的。不小心切到手指的時候，你會說：「我割到我自己了。」這個情況的「我」或「自己」都是指你的身體。你也會指著小時候的照片說：「這個是我。」這裡的「我」指的是你的身體。當我們說：「我很高」「我很胖」「我很漂亮」，或「我很醜」的時候，「我」也是指我們的身體。

當你說：「我很快樂」「我很難過」「我覺得很棒」時，「我」指的是你的心。

然而，我們對自我的感覺是超越身心之上的。動了整形手術以後，即使你身體的某些部份已經改變了，你可能認爲自己基本上還是同一個人。

雖然我們的個性、心情、習慣，以及心智功能不斷地改變，我們還是認定自己是同一個人。換句話說，我們認爲改變的不過是「我的身體」或「我的心」罷了。

「我的身體」或「我的心」這樣的語彙無意中透露出，在我們的身心之外，還有個無形的實體，永恆地存在著。就像水果屬於樹，寵物屬於主人，大部份的人相信，我們的經驗是屬於某個不變的實體。許多人都認同這個無形的實體，稱作他們的「眞實」自我。

然而《心經》所說的「五蘊皆空」卻打破了我們對這個永恆實體的信念。我們不過是五種元素（skandhas）的集合體罷了，也就是色相、感覺、感知、衝動和意識（色、受、想、行、識），這些我們已經在第三章討論過了。上面的經文意思是，我們在身心之外還有一個「自我」，這不過是一個想法，或心識的建構，並不是眞實的。

觀念與實有的相對性

爲了更清楚地了解，釐清觀念與實有的區別將會有很大的幫助。

小時候，只要我一哭，媽媽就說：「要是你哭個不停，『攻擊（Gom-ji）』就會來抓你。」當時我不懂「攻擊」是什麼。不過從我媽媽說話的口氣，我判斷「攻擊」是又兇又壯的動物，特別討厭小孩子哭泣。（在韓文裡，gom是熊，ji是老鼠的意思。）長大以後，我知道根本就沒有「攻擊」這種東西。那不過是爲了止住愛哭小孩而瞎掰的一個名詞、一個觀念而已。因爲我是個小孩，我以爲只要大人說了一樣東西，就有個相對應的東西眞實存在著。其實不然。

古時候，中國有一個軍火販子在市集賣武器。他指著一根矛說，那根矛又強又利，可以穿透任何的盾。然後他又指著矛旁邊的盾說，這個盾很厲害，可以擋得住任何的矛。一聽到這樣說，一個男孩就問他道：「如果你用那個矛攻這個盾會怎樣？盾擋得了那個矛嗎？或是那個矛穿透得了這個盾嗎？」從這個故事就衍生出「矛盾」這個詞，就是互相抵觸之意。

最利的矛，最強的盾，最大的，最小的，最偉大的，最微不足道的，這些字眼純粹是觀念而已，在現實裡沒有任何的參照點。它們存在我們的心裡，成爲觀念，並非實有。堅信每個字詞傳達現實層次，這是錯誤的。

既然這麼說，我們就來想看看，到底水果是眞實的，還是一種觀念而已：水果是眞的存在呢，還是只是一個假名？

你可以給我看看一顆蘋果、一顆梨子，或者一顆橘子，然後說，「水果」是眞實的東西，的的確確是存在的。可是，眞實存在的是你手上拿著的某類水果：蘋果、梨子，或橘子。「水果」這個詞只是一個觀念，或某一類的名字而已。「水果」表達的是觀念而非實體❶。

❶事實上，「蘋果」或「橘子」也只是概念，因為真正存在的是某些特定的蘋果或橘子。但是，為了簡化的緣故，我們就說，某些特定的水果是真正存在的。

那顏色呢？顏色是實體還是觀念？你可以給我們看黑色、紅色、黃色，然後說顏色是實體。可是，**實際**存在的是一個黑的顏色，一個紅的顏色，一個黃的顏色。換句話說，實際存在的是某個特定的顏色。而「顏色」這個詞只是一個假名，指的是多種顏色當中的某一類別。「顏色」純粹是觀念，而不是實體。

那「心」呢？心是實體還只是觀念而已？

我的老師年輕時請教一位禪師：「心是什麼？」禪師回答：「你正在發問的那個就是心。」我的老師說：「應該是我的發問來自於我的心吧！」禪師只是笑笑。之後，她了解到自己有多麼無知。就像大多數的人一樣，她相信有個無形的體稱爲「心」，那就是我們心智功能的發源地。就像水果和顏色純粹只是觀念，「心」也是代表多種心智功能的假名而已。**眞實**存在的是受、想、行、識（感受、感知、衝動和意識）。這些都是眞實不虛的❷。

說我們的核心部位有一個「心」，由那裡啓動所有的心智或感情功能，這是不對的。所有這些心智或感情的功能都是因緣而起，它們的發生都是有原因、有條件的。（請看前一章有詳細的說明。）它們的內在沒有實體。因此禪師才會回答：「你正在發問的那個就是心。」如此而已。

下面是一則眾所周知的譬喻，有關於我們眞實的自我，也就是無我：

正如「馬車」這個詞不過是一種表達，代表車軸、車輪、車身、車桿，以及其他的構造，以某種關聯性組裝在一起，但是當我們檢視每個部份時，我們發現，就絕對層次而言，根本沒有馬車這種東西。再舉一例，正如同「房子」這個詞是一種表達，代表木材還有其他屬於房子的構成體，以某種關聯性圍住一個空間，但是就絕對層次而言，並沒有所謂的房子……而「樹」這個字代表樹幹、樹枝、樹葉等等的關係性組合，但是當我們檢視每一個部份時，我們發現，就絕對的層次而言，並沒有所謂的樹。同樣的，「生命體」或「自我」這些字眼不過是一種表達，代表五種執著群組（五蘊），但是當我們一一檢視其中的元素時，我們發現，就絕對的層次而言，並沒有生命體的存在，作爲「我是」或「我」的基礎，這些純屬虛構。換句話說，就絕對層次而言，一切只是名字與色相而已。能夠徹見這層道理就是具有眞知者❸。

❷事實上，受、想、行、識也只是概念，並非實相。舉例來說，識是表示視覺、聽覺、嗅覺，或心理意識的概念。但是，為了簡化的緣故，我們說，我們心的特殊元素（受、想、行、識）是真的存在。

❸Warren, *Buddhism in Translations*, 133-134.

在《相應部》（*Samyutta Nikaya*）裡，佛陀說：「正如『馬車』這個詞是基於各部的聚集而存在，同樣地，『存有』的觀念之所以存在，也是因爲五蘊聚集的緣故。」

我們人類是五種不停在變化的元素構成的。在超越身心之外還有一個自我的感覺，這完全是虛幻，純然是無知的。在我們的身心之後並沒有一個永恆不變的實體在採集我們的經驗。對於這樣的實相，佛陀描繪爲「有行動，卻沒有行動者；有做作，卻沒有做作者。」

覺音說：「只有痛苦存在，但是找不到受苦者……」[4]他又在《清淨道論》中進一步解釋說：「有一條道可以步上，有徒步這件事，卻沒有徒步的行者。有事蹟被完成了，卻沒有成就者。」[5]

當你一層一層剝去洋蔥的皮時，會發現最裡層什麼也沒有。洋蔥性存在於洋蔥的每一層，或所有的蘊集裡。同樣地，我們不過是五蘊而已。我們的經驗並沒有回頭指涉任何的實體。在所有變化多端的事件背後，並沒有一個「我」，使得事情發生在我身上。

《相應部》中有言：

> 世尊，爲何世界是虛幻的？因爲世界上沒有一個獨立的自我，也沒有任何東

西有獨立的自性。沒有獨立自性的東西有哪些？眼睛、色相與視力沒有獨立的自性，也沒有屬於獨立自性的任何東西。同樣的，耳、鼻、舌、身、意，此五根的對象（塵）及其知識，也沒有獨立的自性，也沒有屬於獨立自性的任何東西❻。

當色、心二蘊一起運作時，自我的感覺就形成了。五蘊在身心的機器中相互作用之下，「自我」的概念就創造出來。

然而這個對自我的感覺，認定「我」是不會改變的物質，這些都是虛幻的。「自我」只是一個方便詞，代表整個身心元素的集合體（蘊），剎那生滅，變動不居，其中並無一個永恆不變的核心或實體，可以生生世世地繼續存在，甚至從這一刻延續到下一刻。這便是五蘊本空的教理。

佛陀告訴舍利弗說：「色相只是一個名字。同樣地，感受、感知、記憶（衝動）和意

❹Rahul, *What the Buddha Taught*, 26.

❺Kornfield, ed., *Teachings of the Buddha*, 18.

❻一行禪師著，《見佛殺佛：一行禪師的禪法心要》（*Zen Keys*），英文版第一〇五—一〇六頁。中文版由橡樹林文化發行。

識也只是名字而已。舍利弗，自我只是一個名字。並沒有一個自我可以被找到。因爲它是空的，所以找不到。」❼

我還是圓佛教的學生時，開示了一場法教，當作是實驗課程的一部份。當時我在禪堂說法，有一位法師走進來，站在我後面聽我講法。我開始不自然起來。等我講完，我轉身看法師是否還在，心裡一方面很好奇他是怎麼想的？但是他已經不在那裡了。後來其他的學生告訴我，他只站在我後面一會兒，然後就由後門離開禪堂了。我原以爲法師一直站在我後面，所以我很緊張。我一轉身看到他不在時，我的緊張馬上就消失了；同樣地，無我的體驗會消除所有的煩惱、憂慮、雜念，以及不健康的欲念，這些都是從我們感覺有自我而升起的。

一張火的圖畫，我們不能就著取暖，同樣地，對於無我的概念只是做「知性的理解」，力量不大，不能有效地降低我們的雜念和欲望。但是，對於無我有「深刻體悟」的話，可以使我們免除無謂的雜想跟欲念。這種無我的體驗可以斬斷痛苦之樹的根。這就是爲什麼當大悲觀世音菩薩了悟到五蘊空性的本質時，他就能度一切苦厄。

我們覺悟空性時，可以消融我們自我的感覺。這種覺悟便是我們解脫的基石所在。許多上座部的佛教寺院有下面的課誦文：

色無常　受無常　想無常　行無常　識無常
色無我　受無我　想無我　行無我　識無我

在我還是沙彌時，有一年我在東明閉關中心領職事。在閉關中心的後面有許多金合歡樹，造成很大的困擾。因爲它們的根四處亂竄，其他的樹長不起來。我們定期大砍這些金合歡樹的樹枝和樹幹，企圖摧毀它們。但是每一年春風吹又生，因爲它們的根原封不動。同樣地，只要痛苦的根仍然存在，也就是「我」或自我的感覺，那麼所有源生自「我」的欲望及雜念就無法摧毀。它們一而再，再而三的升起，這都是自我的根一直都在的緣故。

不然爲什麼我們一直愛或恨某人，即使那個人傷害我們已經是過去的事了？這是因爲我們好惡的種子，我們的愛與憎，都根植在「自我」的土壤裡。我們記憶的種子一直受到這塊土壤的滋潤，這些種子便不會死去。

爲什麼有一些記憶跟念頭不斷地從我們的心中升起？爲什麼正當我們練習靜坐時，總

❼ Red Pine, *The Heart Sutra*, 87.

是有念頭一個接一個湧出，好像在演一齣沒完沒了的連續劇一般？因為種子與土壤依然在那邊。種子一直從「我」的田地汲取養分，而雜草（我們那些不健康的欲望）也一直受到土壤（我們的自我感）的滋養。這種情況就像一顆種子或雜草的種子遇到適合的條件就會發芽生長，同樣地，一個念頭（比如兒時的創傷）在某些機緣下會重複地冒出來。

只要「我」還在，我們的煩惱和痛苦就不會消失。好比在沒有泥土的地方，雜草無法生根成長，了悟「無我」的眞理能去除我們的欲望以及不需要的雜念。這就是開悟的體驗，最終能引領我們終結痛苦。

現代心理學嘗試修補或改善我們的「自我」，以便減輕我們的煩惱和焦慮。但是，只要還有一個「自我」，我們將無法根除我們的痛苦。只有在我們覺悟到無我的眞實本性時，我們才可以從所有的苦厄裡解脫出來。無上的覺悟是所有痛苦最直接的解藥，是根本的解決之道。這就是般若波羅蜜多的大道。

有一位禪師說過，他開悟的當下，感覺就像一個瓶子的底部不見了，而瓶內的水立刻流出來。他所有的痛苦、煩惱和憂慮都消失了。這種體驗可以是突然的，也可以是漸進的，依修行者和修行法門而定。不管怎樣，這種體驗我們都應該經歷，這樣我們才能從「自我感」裡解脫出來。

我們被教導要「空其心」「心裡不要有欲望」，可是沒有開悟，沒有了悟自性本空，我們就很難將這些建議付諸實踐。一旦悟到自性本空，一切就水到渠成，得來不費工夫。

慧可大師問他的老師菩提達摩安心之道，菩提達摩並沒有問他爲什麼痛苦？相反地，他問受苦是誰？是什麼在痛苦？他其實是在問慧可，心的眞正本質是什麼？當我們能清楚了悟是「誰」在受苦時——意即了悟我們眞實的本質時——痛苦就結束了。這是般若之道。

不了解眞正的自己時，我們的快樂與自由就變得脆弱、無常、不徹底，也會隨因緣而起滅。開悟是唯一一條通往幸福的路，此時的幸福是永遠的、永續的、不被摧毀的。還有什麼比實現眞實自我、獲得開悟更迫切需要的呢？這就是爲什麼在《金剛經》裡佛陀開示說，了知眞實自性的功德無量無邊。佛用金剛（鑽石）譬喻我們的眞性是不可摧毀，持久不變的。

偉大的印度大師聖天在他的《四百論》裡說道：「即便無法對一切現象的空性本質清晰洞視，僅僅對於外境產生正向的質疑，那麼你便已經創造一種強有力的心靈狀態，足以粉碎輪迴的娑婆世界。」[8]

[8] Geshe Tsultim Gyeltsen, *Mirror of Wisdom*, 100.

自我不是罪，而是一種誤解，一種幻想，使我們都深陷其中。五蘊也只是幻相。既然自我不過是種誤解，就不是我們厭惡的對象，而是我們該好好審查的對象。這就是爲什麼在禪宗裡，禪行者緊抓著公案，一輩子都不放：「我是誰？」「這是什麼？」（**這個**指的是**心**的體，賦予我們見、聞、嗅，及思考的能力。）

自我是黑暗，覺悟是光。光明啓動時，黑暗就消失了。即便是持續了千年的黑暗，也可以在剎那間立即消失。正如同動物園裡被關在籠子內的野獸一般，人類也被自我的幻相所禁閉了。要釋放我們那被囚禁的心，就得透過覺悟來掃除無明黑暗。

《四十二章經》中的第十七章，佛說：「夫見道者，譬如持炬，入冥室中，其冥即滅，而明獨存；學道見諦，無明即滅，而明常存矣！」

「自我」觀念的起源

體悟自性本空的道理可以帶來自由解脫，既然這樣，了解自我觀念的起源是很有幫助的。這樣的知識會幫助我們打破對自我的幻想。

身體

人總是認為自己等同於自己的身體。身體的外形，樣貌常常決定人對自己的觀感，而相貌更是區別出別人我的不同。我們說，「我跟你不一樣」，意思是我們身體的長相不同。

我們的身體由感官所組成，而這些感官的感覺會直接影響我們的感受。我們越使用眼睛、耳朵、鼻子、舌頭及觸覺，我們就越將自己曝露在感官的經驗裡，我們也越會將自己與身體劃上等號。一旦我們沉溺在感官的愉悅裡，流到身體的能量就越強，那麼我們就與眞我越疏離，證悟自性的可能性就越遙遠了。在中國，佛教的觀念裡，我們感官的對象稱作「六塵」，字面上的意思是「六種塵埃」，有遮蓋眞我的意味。

爲了彰顯眞性，我們要克制感官的享受。這是我們精神修煉的基礎，在這個基礎之上，我們才可能開悟。戒掉不正當的性行爲、戒毒、不穿金戴銀、不錦衣玉裳：這些是克制感官經驗的根本戒律。弟子問佛：「您入涅槃以後，我們要以誰爲師？」佛答：「以戒爲師。」

如果不克制感官，不遵守戒律，開悟是不可能的。

很多時候，我們與我們的心感同身受。我們有時說，我們跟別人是不一樣的，意思是說，我們有不一樣的人格或個性，因此我們對同樣的情境也許會有不一樣的反應。我們的人格和能力和我們的自尊有關。下面兩個因素是影響我們開悟的最大障礙，使得我們無法如實地看清事相：

觀念。有一個人類學家拜訪一個非洲村莊，也訪談了很多村民。當時，他看到山上有一條美麗的彩虹，便隨口問一個小孩，彩虹有多少顏色？他很訝異，因爲小孩子說彩虹有五色。他又問了其他的村民同樣的問題，答案還是一樣。他隨後發現，原來這個部落所使用的語言裡沒有靛或紫這兩個字。所以對該語言的使用者而言，彩虹只有五色，因爲「靛紫」的觀念是不存在的。

喬瑟．戈思坦（Joseph Goldstein）曾經舉了一個很棒的例子，說明我們既成的觀念如何障礙我們看清實相。他說，西方人都有學過一個叫做北斗七星的星座。一旦我們心中有那樣的觀念，在夜空裡不去看北斗七星是很難的。只要那樣的觀念深植在我們心中，北斗七星似乎跟其他的星座就區隔開來。[9]我們的思維經常被一些先入爲主的觀念所左右，甚或扭曲。

在英文裡，貓叫的聲音是meow（喵喵），韓文是nyaong。很奇怪地，對許多韓國人而言，貓叫的聲音聽起來像nyaong，然而對美國人而言，聽起來像meow——當然，貓的品種跟年齡的不同，叫聲也會有所不同。所以，依我們內心先入爲主的觀念不同，相同的聲音就有不同的聽法。同樣地，不同的鏡子（凸鏡或凹鏡，乾淨或骯髒的鏡面）多少會把影像扭曲，就像我們內心的鏡子所呈現的世界也會因我們使用的語言、所持的觀念，而有不同的面貌。

我們透過語言來溝通，來思考。語言體系的基本素材是觀念。觀念和語言便利了我們的日常生活，然而卻要我們付出代價：我們所使用的觀念和語言扭曲了實相，讓我們無法如實地看清事情。法國畫家莫內說過：「要看就要忘掉所看事物的名字。」

我們很小的時候，人們就用名字來叫我們。只要我們的名字被叫喚了，我們一定應答「是」，即使我們不再是同一個人了；我們的身體，心智，人格和習慣不停地改變。儘管如此，我們還是跟我們的名字一致，劃上等號。影響所及，我們就有一個固定「我」或

❾ Goldstein, *Insight Meditation*, 109-113.

「自己」的觀念想法。

正如同之前所提過的，認定每一個名字或觀念都有一個相對應的實體，這是一個幼稚的假設，一個誤解，是幻想，也是無知。既成的觀念會阻擋我們如實地看待這個世界，也會障礙我們開悟，因爲在許多的佛教傳統裡，擁有過多的知識反而是一種禁忌。在禪宗裡，爲了不讓我們的心受制在思想觀念裡，禪修期間是不准讀書的，也不能讀經。許多大師都警告學生，不要累積過多的知識。

在《四十二章經》中的第九章，佛說：「博聞愛道，道必難會；守志奉道，其道甚大。」

思想。現代人就是想太多了。我們大多人的工作不是耗體力，而是耗腦力的。但是沒有運用適當的腦力的話，又很難在現今的世界裡出人頭地。所以我們已經習慣性地想個不停。又因爲我們的心一直佔據著很多的想法，因此我們時常會跟背後的那個發動思考、做下判斷者一致。

我們的思想受到我們的人格和我們的價値觀所左右。我們的心對應外境的方式是獨一無二的，有別於他人的反應，正如人們的外貌各個不同一般。

我們先前已經討論過，我們有許多的念頭並不表示在念頭的背後有一個思想體。「思考者」只是一個觀念，一個想法，不是眞實的。我們思想、經驗的背後並沒有一個思考者。就像我們的情緒和其他的心智功能一樣，念頭的升起是有因緣條件的。一個持續性的思考過程不需要有內在的思考者便能存在。同樣地，也沒有一個呼吸者，眞正存在的是一個呼與吸的持續過程。

笛卡兒說：「我思故我在。」但是，我如果不思考，那我是誰呢？不走路時，那個行走者又在哪裡呢？當走路的行爲不見時，行走者也就消失了。同樣地，當思考的行爲停止時，思考者也就消失了。

由於我們對眞我的無知，以及對一個自我實體的觀念執著，我們衍生了很多念頭想法，還有不健康的欲念。對於我們眞我的無知就像油燈的燈蕊一樣。由於燈蕊的緣故，火焰——也就是我們的自我感——得以燃燒。由於燈油的存在——也就是我們不健康的欲念，和散漫的想法——燈蕊得到滋養，火焰持續的燃燒。

當燈蕊移除時（也就是當我們體悟到自我本空的時候），火就熄了。我們的念頭和欲念不斷地強化我們的自我感。因此，如果以燈油來比喻，消除雜念和欲想是熄滅火焰很好的方法。要達到證悟，這麼做是不可或缺的。

水面上的波紋不見時，月亮自然清晰地映現。同樣地，我們須得停止妄想，般若智慧才會在心田湧現。因此，禪修靜坐在體現佛性上是重要的。沒有禪修的話，開悟幾乎是不可能的。

《法句經》第二百八十二首詩有言：「由定生慧；無定慧消退。」在基督教的傳統裡，沉默也是扮演著極重要的角色。

安定了，你就認識我是上帝。

——〈詩篇46：10〉

禪修是解除制約的過程。禪修可以引導我們的心遠離散漫的雜念。禪修釋放我們的心，不再受制於先入爲主的觀念，還有我們的語言系統。

如果耶穌沒有被釘死在十字架上，就不可能復活。身體若不死去（經由遵守戒律，防患感官的欲望），心若不死去（透過禪修導致欲念與雜念的死去），我們是不可能在眞我裡獲得新生。肉體死亡，我們便可以在宇宙法界身裡復活；心死，我們便在宇宙心裡重生。

覺悟到我們自性眞實的本質是非身非心時，我們就自由了。在這樣的時刻，一尊佛或一個純粹的意識就誕生了。我們就成爲一個宇宙人，不再活在一個孤立的世界裡。這就是般若波羅蜜多之道。

5

超越二元對立的無門關

鳥鳴山更幽。

——禪宗語

舍利子，色不異空，空不異色；色即是空，空即是色。受想行識亦復如是。

……**舍利子**……

《心經》是以舍利弗和觀世音菩薩之間的對話寫成。舍利弗在佛陀諸多傑出弟子當中備受尊崇。據說他也是第一個開悟的，以智慧聞名。

舍利弗出生於印度的烏帕提薩。他年輕的時候，與出生鄰村扣力達的目犍連為友。據說他們是同日生的。他們日後將成為佛陀十大弟子當中的兩位。

舍利弗和目犍連年輕時就體悟到，世間的快樂只是短暫的。他們想要從這樣短暫的生命及痛苦中解脫出來，於是就離開家庭去尋找眞理。

他們的第一位老師叫全勝，是詭辯學者。他們很快對他教法的淺薄感到失望，因此就離開他了。之後，他們又到處尋師訪道，希望能找到眞正可以幫助他們了生脫死的明師。於是他們分開了，約定好誰先悟道，證到那不死之境，誰就通知對方。

有一天，舍利弗巧遇阿說示，他是佛陀的弟子之一，當時正在城裡進行早晨的乞討。他的舉止寧靜安詳，卻又充滿自信，舍利弗看了，印象深刻。他問阿說示他的老師是誰？教法是什麼？阿說示回說，釋迦牟尼佛是他的老師，他教的是緣起法。

阿說示說了一個偈頌：

來自因緣而升起的一切事物
佛陀說明它的緣起
也說明它的止息（緣滅）
此即佛陀的教法

當舍利弗聽到了「緣起」的字眼時，他覺得他的心、智都打開了，心裡就渴望成爲佛陀的弟子。他馬上起身去尋找他的朋友目犍連，說他終於找到明師了。

舍利弗與目犍連趕到了竹林精舍，也就是佛陀說法的地方。據說，當佛看到他倆走過來時，他對弟子說，這兩位日後會成爲他的大弟子，而且是很有福報的一對弟子。釋迦牟尼佛幫他們剃度以後，他們在兩週內就證得了羅漢（完全覺悟的人）的最後階段。

……舍利弗……

一位圓佛教的法師問大山（圓佛教的第三代宗師）說：「我要怎樣培養慈悲心？」大山大師回答：「你如果開悟，你的慈悲心就自然引發了。」你聽過哪個聖人自私自利的嗎？大山大師說，證得無上正覺以後，你就自然而然地疼愛所有的眾生了。

大悲觀世音菩薩證得無上的覺悟之後，他的慈悲心長養出來，自然而然地去幫助眾生度一切苦厄。這是他最初的發願。（請參閱第二章）

當大悲觀世音菩薩呼喚「舍利弗」的名字時，就好像慈母呼喊她的獨子一樣。由於慈悲心，觀世音菩薩開始教導究竟實相的眞理。藉由呼喚佛陀最具智慧的弟子舍利弗的名字，大悲觀世音菩薩喚醒他內心的般若智慧，也就是每一個修行者內在本然的智慧。

……這裡……

「這裡」（梵文是 iha）常常在英譯或中譯文裡省略。然而，iha 這個字是重要的。作家赤松（Red Pine）寫道：「翻譯者常常省略 **iha** 這個強調性的字眼，但該字在《心經》裡卻是很重要的。**Iha** 是禪師的獅子吼，如棒喝，是趙州茶❶。」大悲觀世音菩薩的這一聲「這裡」，喚醒了舍利弗，也喚醒了所有的修行者，我們藉以回到了現實，回到了當下。正如同有學人問道，臨濟禪師通常大吼一聲：「喝！」這一聲獅吼幫助很多門人覺悟眞實自性。德山禪師常常在門人問道時，棒打他們。這些都是慈悲的方便法門，大師們用以把學生帶回現實當下，切斷他們散亂的雜念，止息他們知性的頭腦。

在禪宗裡面，這種教法稱爲「直示眞理」或「直指人心」。在這裡，直接的「直」指的是，不用文字或觀念，直接去體驗眞理或實相。

不管是臨濟喝或德山棒，大悲觀世音菩薩說了一聲「這裡」，就把舍利弗以及所有的修行者帶去直接地體驗實相。實相就是涅槃，就在當下。大悲觀世音菩薩一說「這裡」就是在教導你，當下所聽所見就是究竟實相，就在你面前。這好比叫醒一條問你水在哪裡的魚，跟它說，水就在你身邊，無所不在。這個字 **iha** 直接喚醒我們內在的佛性。

---

❶ Red Pine, *The Heart Sutra*, 71.

……色不異空，空不異色。色即是空，空即是色❷……

有一個修苦行者來到佛陀這裡求道。佛陀什麼也沒說，只是沉默著。一會兒之後，那人笑了，大大地感謝佛陀，然後就離開了。

佛陀的侍者看到這一幕，心中感到困惑。他問佛陀，爲何佛陀什麼話也沒說，那人反而謝謝佛？佛陀回答：「駿馬即使只是看到馬鞭的影子，也會馬上奔騰起來。」

上根器的修行者一聽到「這裡」，馬上就被喚醒。然而，對於下根器者，就必須有進一步的教導。大悲觀世音菩薩出於大悲心，慈悲而詳細地解釋眞理：「色不異空，空不異色。色即是空，空即是色。」

就西方的邏輯而言，色就是色，空就是空。存在就是存在，無就是無。這是常識。色和空似乎是兩極對立，不可能一樣。

可是，大悲觀世音菩薩教導說，色不異空，空不異色。在祂無上的覺悟裡，這就是祂所體悟到的：這就是究竟實相。

就邏輯而言，空就是空，空不是色。但是當我們更深一層看待事情時，眞實面根本就不是這樣的。

我讀小學時，第一次有這樣體驗眞理的經驗。我看到一隻老鼠在五金店前被車子壓死了。那隻大老鼠內臟都爆出了，血腥的畫面令人作嘔，也沒人敢去移走屍體。只要我經過五金店，我的眼睛會自動搜尋那隻老鼠。接下來一個月，老鼠已被來往的車子輾過很多次。血與內臟都已乾了，而老鼠的殘骸越來越小。最後，整個屍骨無存！

我覺得很奇怪，雖然沒有人移走老鼠，老鼠最後還是不見了。

即使沒有一個行爲造作者，宇宙萬物仍然變動不居。上至天上星星，下至我們身體裡的細胞，事物都在不停地變化當中。這就是實相。這個世界上，沒有一個東西能夠一刻維持不變。

我們的骨骼看起來堅實恆常。但是只要七年的時間，我們的骨骼就已經全部更換過。當我們看著蠟燭的火焰時，火焰好像恆常在那裡，但是火焰時刻在變。形色固定，堅實不變，這純粹只是觀念，甚或只是幻想，並非實相。

---

❷較長的藏文版《心經》包含如下經文：「於是壽命具足舍利弗承佛威力，白聖觀自在菩薩摩訶薩言：『善男子，若有欲修般若波羅蜜多深妙行者，作何修習？』聖觀自在菩薩摩訶薩告壽命具足舍利弗言：『若善男子善女人樂修般若波羅蜜多深妙行者，應作是觀：色即是空，空即是色。色不異空，空亦不異色。受、想、行、識，亦知是空……』」Lopez, *Elaborations on Emptiness*, 12-13.

正如第三章所討論的，所有的事物依賴因緣而升起，也不斷地消失當中。既然萬物相依而生，就沒有任何事物可以自身獨立存在，也沒有實質上的自我，或一個固有的存在。這就是爲什麼《心經》說的實相是：「色不異空……空即是色。」這就是眞理。

空性不只內存在物體中，同時也是所有心智或情感功能的內在本質。這些全都相依而生，也不停地在止滅當中。既然所有的心智或情感的功能都依因緣而生，那麼，受、想、行、識也都沒有實質上的自我或固有的存在。《心經》認識到這一點，所以說：「受、想、行、識亦復如是。」

不管是身、心或情緒上的存在，一切都是暫時的，緣生緣滅的。事物從無到有，再會歸於無。

我們禪修時可以體驗到萬物皆空的境界。舉例說，運用內觀禪修時，我們凝心觀察身體的覺受、情緒及念頭。這樣的方法讓我們認識到，這些關注的對象來來去去，生滅不已。比方說，如果我們感覺身體的某部份會癢，我們覺察它，之後我們會發現，這個覺受終將消退。不僅身體的覺受，包括我們的情感、念頭，全都一樣，本質是無常的，無我的。

科學上的空性

萬物性空的道理在物理學上也有證明。

我仍然記得我念小學時科學課堂上的一個實驗。老師要求學生把鹽巴放進滿滿的一杯水裡，然後攪動到鹽巴融化爲止。我們發現，即使鹽巴已經被水吸收，水量維持不變。老師告訴我們，這個實驗證明，水分子之間是有空隙的。

不管是水還是金條，物質看起來都是堅實、緊密、具有持續性的。然而，分子之間存在著巨大的空間，這些分子因爲受到核子力的吸引而彼此拉聚在一起。

分子是由原子所構成。一個原子包含一個原子核和電子。一個原子核和電子之間有著非常大的距離。以氫原子爲例。如果我們把原子核比喻成一顆蘋果那麼大，那麼電子就有十公里那麼遠（大約十六．一英哩）。就像遠觀銀河，看起來好像密集而堅實，但是，大多數的銀河是空的。同樣地，原子核和電子中間大多數是空的。如果我們把地球上，所有原子內存在於電子和原子核之間的空間移走的話，那麼我們的星球將只剩一顆籃球般的大小。

那麼，爲什麼內部空空的物質看起來堅實、持久？因爲光波不夠細，進不去那個空無一物的空間，我們的肉眼也看不到原子的層次，那大概是一英寸的百萬之一百❸。

可見光是由波所構成，它的波長（就是浪峰與浪峰之間的距離）在四十到八十萬之一公分之間。我們的肉眼看不到比這個更小的結構。細菌三十萬分之一公分是最小的常見生物，用光學顯微鏡可以看到。如果要進一步探測，我們必須使用短波長的儀器。像電子一樣的粒子所造成的波長比起光的波長要短上幾千倍。所以，使用電子顯微鏡的話，我們看得到病毒一億分之一公分，分子結構一千億分之一公分，以及個別原子的表面。（如果要看到比這個更小的世界，物理學家就得使用粒子加速器來增加粒子的速度，以創造更小的波長❹）。

如果我們的眼睛像X光，我們看一個人就會看到一具骷髏。走在街上，我們就會看到很多骷髏在走路。如果我們的肉眼像伽瑪射線（波長比X光短），我們就無法確定那裡是不是有人？

一切物質的基礎材料是什麼？千年以來，科學家一直在找這個問題的答案。希臘哲學家德謨克利特稱這個基本單位爲「原子」（atom，希臘文 atomos 意思是不可分割）。但是，原子由更小的部份組成。一顆原子的核粒子是由正電質子和中電的中子所構成，中子可更細分爲「夸克」的微粒子。

量子物理學家已經下結論，說這些微粒子存在，但沒有形色。它們的出現可以透過光和振動而發現。它們根本就沒有基礎的建構單位。透過超高顯微鏡可以觀察到能量的持續舞動，形成力學的圖案，反而沒有實質性的存在。所以謎底最終揭曉的不是任何基礎的建構單位，而是能量的互換。埃爾溫・薛丁格（Erwin Schrodinger）警惕我們要抵制這種對於原子及其結構成份的物質化觀點。他說：「最好不要把粒子看作成恆常不變的個體，而要把它當作瞬間的現象。有時候這些現象連結在一起，造成了一個永恆體的幻相。」❺

天體物理學家鄭春順（Trinh Xuan Thuan）寫道：「根據波爾（Bohr）和海森堡（Heisenberg）的說法，我們談論原子和電子時，不應該把它們看成是眞實體，具有明確的特性，比如速度與位置，並且試圖要追蹤出同樣明確的軌道。『原子』的概念只是一種圖像，幫助物理學家把粒子世界各種不同的觀察凝聚起來，成爲一個協調一致，富於邏輯的體系。」❻

---

❸ Ricard and Thuan, *The Quantum and the Lotus*, 94.
❹ Fraser, Lillestol, and Sellevag, *The Searchfor Infinity*, 9-13.
❺ Erwin Schrödinger, *Science and Humanism*, 47.
❻ Ricard and Thuan, *The Quantum and the Lotus*, 84.

正如現代物理學所揭示的，把形色充當成固定體純粹只是概念而已，並非實相；實相一直在「形成」當中。因此，量子物理顯示的觀念是：「色不異空。」

在《金剛經》裡，佛陀說，「微塵」的概念只是名字（名相），並非眞實：

須菩提！若以三千大千世界碎爲微塵，於意云何？是微塵衆寧爲多否？須菩提言，甚多！世尊！何以故？若是微塵衆實有者，佛即不說是微塵衆。所以者何？佛說微塵衆，即非微塵衆，是名微塵衆。世尊，如來所說三千大千世界，則非世界，是名世界。

……空不異色……空即是色。受、想、行、識，亦復如是。……

我們已經討論「色不異空……色即是空」的意義。但是，這樣矛盾的論述：「空不異色……空即是色」，究竟是什麼意思呢？爲什麼空不異受想行識呢？

如果我們思考「上帝」的觀念，我們可以更容易理解空和五蘊（色受想行識）的關係。

我讀大學的時代，有一天正當我在餐廳吃午飯的時候，一個傳播福音的基督徒走過來。他問我：「你認識上帝嗎？」我回答：「你是怎麼定義上帝的？」他回答：「上帝是創造者，是宇宙的創造者。」

他給我看看他的筆，然後說：「這支筆是人製造的。你認爲是誰創造了星星、地球、山岳，以及宇宙萬物？」我問：「那麼，你認爲是誰創造了上帝？」他答：「上帝不被誰創造；上帝自己就存在著。」我說：「如果上帝可以自身存在，那爲什麼萬物不能靠自身存在？」他就沒再說下去，隨後就離開了。

當人們把上帝界定爲創造者時——「起初神創造天地」〈創世紀 1：1〉——這並不表示上帝先天地而生。說上帝創造世界不是說上帝等了好久，然後有一天決定要創造世界。聖奧古斯丁說，在世界以前並沒有時間。在定義上，時間就是一種流動。它的測量是依規律性的活動而言，比如說地球的轉動或原子的振動。所以，把時間定位在宇宙出生之前是沒有意義的。聖奧古斯丁以爲，「認爲上帝等了無限長的時間，然後才創造世界，這樣想是很荒謬的。」就他的想法，世界與時間同時到達。世界並非在時間的洪流裡創造出來，而是與時間一起創造的。[7] 創造者與創造物不是分隔或相繼地發生。當然，身爲創造者的上帝在概念上可以是在創造之前的，正如就概念上，水果的觀念早於某一種

[7] Ricard and Thuan, *The Quantum and the Lotus*, 130.

特定的水果之前，比如說橘子。就實相來說，創造者與創造是同時存在的。創造者與創造是不可分的。沒有創造的話，我們想像不出創造者。創造者與創造是一體（實相）兩面。

現在我們想想下面的概念——明與暗，山與谷，空間與物質。這些配對好像都是相對的。在概念上，每一對都是南轅北轍。然而在實相上，它們是不能分隔的。它們是一個實相的兩個面向。我們怎麼可能創造山峰而不創造下面的山谷？我們怎麼可能只想到黑暗而沒有光的概念？虛空沒有物質可能存在嗎？黑暗的定義是光明不見的意思。空間則是兩物之間的距離。沒有物質的話，我們不可能想到空間。沒有光明的話，我們不可能想到黑暗。沒有山峰，我們不可能想到山谷。有一個大師則用詩句來表示：「鳥鳴山更幽。」

概念或文字——陰和陽，好與壞，神聖與褻瀆——似乎勢不兩立，但它們實際上是一個實相的兩個面向。它們一向是並存的。同樣地，空性與五蘊的關係也是一樣。

當我們說空性是我們的終極實相時（而我們由五蘊所組成），我們不可能只想到空性，而沒有想到色受想行識的存在。空性意味著某種東西的本質是空的。五蘊空無實存。空性唯有在五蘊的內涵上才得以存在，才具意義。（請看第三章有更詳盡的說明。）

眞可大師說：「看待五蘊皆空，並不是說這個空有別於五蘊，而是說空就在五蘊裡面。」❽

正如同海洋無法與海浪分開，同樣地，空也不離色受想行識而存在。究竟實相就是空性，它不能脫離現象界而單獨存在。性空與現象在概念上不相同，事實上卻是一體兩面。從一個角度，我們可以看到現象界的多重面向；由另一個角度，我們可以看到所有現象的空性。

空性與五蘊無法分隔。它們互相界定對方。這就是「空不異色（也不異受想行識），空即是色」的意義。

關於這點，德清禪師曾經說過，「般若智的眞空就像一面大圓鏡，而每一個幻相就像鏡子裡的影像。一旦你了解到影像無法脫離鏡子而存在，你就了悟到『空不異色』的道理❾。」既然萬物因緣而生，因此本性是空的，也會隨緣而變化。比如說，泥土是軟的，所以能形塑成不同的形狀，再改變成各式各樣的外形。圓佛教的創始人少太山說：「即使一根稻草都可以展現千萬種變化，顯示各種不同的創意與才華❿。」

❽ Red Pine, *The Heart Sutra*, 80.
❾ Red Pine, *The Heart Sutra*, 82.
❿ *The Scriptures of Won-Buddhism*, 327.

空性（Shunyata）

印度哲學家龍樹菩薩大師早在佛滅度後五百年就對空性的道理有一套系統化的理論。他除了把空性的哲學系統化以外，並且發展了般若波羅蜜多經典的哲學。大乘佛教的中論學派便是基於他的教法。

龍樹菩薩說：「實相的本質**不依它而立**，也不依賴其他的事或境⓫。」介紹空性的觀念是爲了要彰顯諸法（萬物）的究竟實相。因爲空性與所有的現象相對待而生，空性同時也空掉內在的存在。換句話說，空性也是空的。

龍樹菩薩在《根本慧論》（*Fundamental Treatise*）裡說到：

世尊說空性
能摧毀一切教條
但是如以空性爲教條
便無可藥救⓬

既然究竟實相非實、非不實，非存在、亦非不存在，看到實相、並且住在實相的諸佛菩薩，眼睛微闔微開，既不看內也不看外。

梵文 **Shunyata** 是空性義，也是「零」「中空」「空無所有」的意思。**Shunyata** 是名詞，形容詞是 **shunya**，意思是「空」。在西方，「零」就是什麼都沒有，然而在印度的用法，**shunyata** 意味著全部，具有動力的整體，或是俱足一切的可能性。它不是不存在，而是奇妙的存在。當摩西在燃燒的灌木叢第一次遇見上帝時，他很驚訝，灌木叢居然燒不完。他害怕得很，問說：「你是誰？」上帝對摩西說：「我是自有永有的。」〈創世紀 3：1—14〉

究竟實相是超越任何名稱概念的，「空」這個字眼用來表指，究竟實相無法被定義，被捕捉。空就像是純淨、沒有污染的空間，可以涵容一切，是萬象的源頭，也是生命的源頭。空，意即內自本有之無存，是最終的實相，是空性，是所有存在的最終模式，也是一切現象共同的特質。

一支長笛的內部因爲是空的，所以能創造出不同的聲音。因爲空，一切事物因而得以

⓫ Newland, Introduction to Emptiness, 65.

⓬ Newland, Introduction to Emptiness, 61.

顯現。正如龍樹菩薩所說的：「因爲空，一切變得可能。」[13]

般若是空的別名。有一位詩人寫說，空澗無人水自流，花自開。我們播下一顆種子以後，就自然發芽成長了。從天體的運行到四時的流轉，冥冥中是什麼力量在推動宇宙間一切現象的運作？很多事物都井然有序地進行著。宇宙是一個和諧的體系。事實上，「宇宙」（cosmos）這個字源自希臘詞，意思是「有秩序的世界」。

我讀初中的時候，就饒具興味地發現到，在大多數的動物種類當中，性別比例大約是一半一半，這樣可以確保物種的延續。根據化學家詹姆斯·拉夫洛克（James Lovelock）的說法，地球是一個和諧、自動調節的生命體，可以提供各種不同適合生命的條件，而且能夠維持平衡。拉夫洛克研究很多現象，也有很多發現。舉例說，在地球開始有生命之初，太陽的熱能就不斷地增加，但是地表的溫度卻保持穩定。地球大氣層的成份一直維持穩定，這是由於生命有機體生生滅滅的結果所導致。海洋的鹽度也一直維持穩定。這個穩定性對大多數細胞的存在而言，是一個重要的因素。拉夫洛克把這個自動調節的生命體系稱作「蓋亞」（Gaia），以希臘的女神命名。

這些現象的源頭一直以來有著多種的名稱：上帝、婆羅門、造物主、阿拉，或天父。在猶太基督教的傳統裡，上帝有許多名稱：Elohim（強大的上帝），El Shaddai（全能的上帝），**El Elyon**（至高的上帝）。當回教徒用他們的念珠祈禱時，他們稱呼阿拉的九十九種名號。在阿拉伯語裡，阿拉就是上帝。在道教裡，他們不把內在本體人格化爲上帝，而稱作「道」。佛教就稱之爲**shunyata**，空，因爲究竟的眞理是超越語言文字的，無法言說，無法形容。

釋迦牟尼佛成等正覺後，他把究竟實相稱之爲般若。般若是什麼？在哪裡？上帝在哪裡？宇宙的眞理又在何處？般若或宇宙的眞理存在於釋迦牟尼佛的教法裡呢？還是在《聖經》或《可蘭經》裡？

「色即是空，空即是色」意思是眞理、般若，或上帝存在於宇宙一切事物裡。這一句佛法所教的是，宇宙本身就是般若。

韓國禪師張康開悟之後，有一天在寺院的庭院裡小便。有一個和尚看到很不高興，就罵他：「你是一個和尚，怎麼可以在寺院前面小便？你不知道寺廟是佛身嗎？」張康禪師回答：「佛無所不在。請問，我應該在哪裡小便？」[14]

---

[13] Newland, Introduction to Emptiness, 79.

[14] Cho, *Seclusion*, 290.

佛教的華嚴宗以毘盧遮那佛代表空性，亦稱爲大光明佛（大日如來）⑮。毘盧遮那佛無所不在，無時不在。整個宇宙是祂的身。不管是鳥鳴、花色、溪流、雲彩，無一不是佛在說法。

有一個和尚問一名禪師：「道是什麼？」禪師回答：「是乾的大便。」佛陀、眞理，或是神聖不在寺院、教堂、佛經或聖經裡。眞理遍一切處，從一顆不起眼的小石子到廚餘剩菜裡，到處都有眞理的影子。

我看過一張在台灣拍攝的雲。這張照片好像大悲觀世音菩薩的一張流行圖畫。拍到這張照片的人把上面的影像詮釋爲觀世音菩薩的示現。同樣地，在教宗約翰保羅二世過世幾個月之後，有一個男子拍了一張他篝火上的火。照片上的火焰很像已故的教宗。圍在篝火四周的人看到這張火焰之後，都說已故的教宗還在保護他們。

然而《金剛經》上明明白白的說：

若以色見我
以音聲求我
是人行邪道

不能見如來⓰

又說：

須菩提，於意云何？如來可以具足諸相見否？不也，世尊，如來不應以具足諸相見。何以故？如來說諸相具足，即非具足，是名諸相具足。

佛告須菩提：凡所有相，皆是虛妄。若見諸相非相，即見如來。⓱

有人說，他們在禱告時，會聽到上帝的聲音，也有人會在夢中見到佛菩薩。對於這些事件，人們妄加很多解釋。比方說，成群結隊的人大排長龍等著看流淚的聖母瑪利亞雕像。正如佛說的，我們不要在色相上尋求眞理。如果我們把這些跡象，和佛性或眞理連結

⓯ 毘盧遮那是佛陀的法身示現，字面上是「真實身」佛。梵文中的毘盧遮那是「來自於太陽、照亮」的意思。毘盧遮那或稱大日如來，代表究竟實相或空性。
⓰ Price and Mou-lam, trans., *The Diamond Sutra and The Sutra of Hui-Neng*, 47.
⓱ Price and Mou-lam, trans., *The Diamond Sutra and The Sutra of Hui-Neng*, 21.

在一起，我們就都被蒙蔽而步入歧途了。

眞佛或眞理就是你的配偶、同事，或周邊的人——不管你喜不喜歡他們。你那個愛挖苦人的老闆，或是你那些淘氣的孩子，都是佛性的眞實示現。如果他們不存在，你怎麼可能獨存？

通達佛性的兩條道路

體悟到佛性無所不在的道理衍生了重大的影響：一則關係到我們的生活方式；一則影響我們證悟佛性的方法。

通達佛性的一條道路便是先開悟。那麼，一旦你了悟萬有都是佛性或眞理的顯現，你心中會升起一份對一切眾生深度的恭敬心，自然地你尊敬眾生，視他們如佛。

另一條通向佛性的路，首先便尊敬眾生，視他們如佛。當你以此法門持續修行，如此對待眾生，最後你會開悟，證得佛性。

在家居士每天涉入很多俗務裡，第二個方法顯得很重要。日常生活裡面，我們為了要過活，需得跟別人交涉。所以這個方法不僅實用，也是一條通往覺悟的實際道路。

圓佛教有一句格言，恰好貼近第二個方法：「處處有佛像，時時供佛行。」這句箴言指出，我們隨時隨處都可以供佛。

看看下面這則故事：

有一天，圓佛教的創始祖師住在朴南寺。一對老夫婦路過。他們說，他們打算去思路桑薩供寺院裡的佛，求佛加照他們家那個壞心眼、大不孝的媳婦能夠改好一點兒。

聽到這裡，祖師說：「你知道，向一尊佛像獻供的話，會有好處；只是你不知道，向一尊活佛獻供的話，好處更大。」

老夫婦問說：「活佛在哪裡啊？」

祖師回說：「你家裡的媳婦是一尊活佛。她很有權威，可以孝順，也可以不孝順你們。所以，你們何妨先供養她？」

老夫婦又問：「要怎樣供養她呢？」

祖師說：「比如說，你可以把本來要去供養佛像的錢，拿來買東西給她。你們對待她的方式要像你們尊敬佛陀一樣。至於你們供養的效果怎樣，就要看你們的誠心囉！」

那對夫婦回到家就如法遵行。他們的媳婦變得非常孝順。於是老夫婦再度造訪祖師，表達由衷的謝意。

祖師向身旁的弟子說：「這個例子是符合實際的拜佛，直接供養到使你痛苦或快樂的源頭。」[18]

既然無一事、無一人不是佛陀的示現，那麼我們日常的工作都可以是上供諸佛的行爲。眞正的供佛不只是供養水果、金錢，或是在佛像前唱誦而已。眞正的供佛包括洗碗盤、倒垃圾，或幫助窮困者。

既然我們處處可以見佛，我們的一舉一動都可以是神聖的。我們以神聖的態度做日常工作，我們便是在做大事，幫助我們的社會。這樣實踐下去，最後我們終將見到佛性。

有一天早上，一位和尚問趙州禪師：「道是什麼？」趙州回答：「你吃早餐了嗎？」和尚回答：「吃過了，師父。」趙州答：「那就洗碗去。」和尚聽到這裡，當下開悟。

---

[18] *The Scriptures of Won-Buddhism*, 184.

6
現象也是空

諸法無我。——《法句經》

須菩提，是諸法空相。

法是心所，心的對象。當「我」或自己開始存在以後，對象就升起了。這些「法」代表所有的現象❶。

「諸法空相」意思是，正如五蘊是空的，所有的現象也是空的。它們都是因緣而生，沒有一個內在本有的存在，或一個本有的特質。

有一個小偷在夜裡闖進一間寺院，上上下下地找個值錢的東西好偷，卻什麼寶貝也找不到，他氣死了，便把一個和尚叫醒。

他問：「有沒有值錢的東西？給我一點吧！」

和尚回答：「廟裡沒什麼值錢的東西，我不過在這裡修行，學習法教。」

「法在那裡？」

「在我的心裡。」

「那麼我得從你的心裡把法帶走。」小偷說。但是，正當他抽出刀子要取走和尚的心臟時，和尚說道：

枝上花開年年。
切枝欲尋花，試問花在何處？

小偷停了下來。他的表情大變，雙膝跪了下來，懇求和尚的原諒。

和尚用這首詩教導了緣起法。花自身無法獨立存在。唯有當某些因緣條件齊全了，花才有存在的可能。

若是有人在一堆草上摩擦兩根棒子取火，火是打哪兒來的？是來自乾草堆？木棒？還是空氣中？當我們拍手，聲音從哪裡來？從右手，還是左手？是來自空氣中、耳朵，還是我們的心？

正如我們身心的所有元素依靠因緣而存在（請看第三章），所有的現象也是仗緣而

❶就像「法」有多重意義、有多種解釋，「萬法皆空」也有多種詮釋。Red Pine, *The Heart Sutra*, 89.

生。沒有哪一個現象或是法能夠本身獨立存在。

從書本、桌子到山岳、星辰，從哲學思想到政治體系，沒有哪一樣能獨立存在。既然所有的法（現象）都是相依而生，內無恆常不變的實質，或固有的質性，那麼一切法就是空的❷。空什麼？空無內在眞實性的存在。換句話說，在究竟的層次而言，諸法是不存在的。

就「諸法性空」這一點，龍樹菩薩曾說：

無一物不從緣起而生；因此，無一物不是性空的❸。

《華嚴經》云：

清楚了知諸法
了無自性；
能如此了解諸法本性
即見毘盧遮那（大日如來）。

了解諸法性空，了解到所有現象都是依賴某種因緣條件而升起，這能夠讓我們的心更體貼，在日常生活裡更富於慈悲心。

有一個在專爲貧困孩子設立的課後安親班服務的義工，告訴我下面的故事。這個義工發現，這些孩子，不管是在教室內，教室外，只要一講話就很大聲。他很多次警告他們的行爲失當，但是都沒有用。他很生氣，認定他們天生沒禮貌。後來他去家庭訪問，他們都住在一個工業區。訪問後，他的成見消失了。原來他們成長的環境就是曝露在鄰近工廠的噪音之下，結果他們全都重聽，怪不得都要用吼的講話。當他看到他們的生長環境時，那位義工發現自己錯了。

誰知道那位超車在你前面的駕駛是不是要趕去醫院？誰知道你那位工作不夠努力的同事，可能正遭遇一些不爲人知的難處？

佛說，見到緣起法者就見到佛法；見到佛法者就看到緣起法。當我們了解到一切現象的升起都有多種原因和條件，我們就不再那麼吹毛求疵，處處看不順眼。我們的心變得

---

❷笛卡兒認為，物質（substance）的存在不需借助其他東西。物質本身就可以獨立存在，無需依靠任何事物。因此，在西方的哲學裡，上帝是唯一的實質。

❸Ricard and Thuan, *The Quantum and the Lotus*, 158.

更寬廣，更有慈悲心。

空性的法教導我們，我們所渴望、所執著的東西是無常不實的。就像彩虹一樣，這些東西看起來好像眞的，但其實是在某些因緣之下升起，隨後就無影無蹤。

佛陀唯一關切的是人類的痛苦，以及止息痛苦之道。佛陀認爲，導致人類痛苦的原因是執著。

執著或渴求可以分爲兩類：對於自我的執著，以及對於物（客體）的執著。對於自我（主體）的執著，包括對於我們外表和健康的執取。對於客體的執著，包含對於物質類，比如車子、衣服，以及非物質類，例如我們的配偶、事業，或者聲名的執著。

對於自我及外在物的執著是兩種與生俱來的執取方式。一個嬰兒一有了「我」的意識，隨之而來的就有種種「我的」的觀念和執著。我小時候，只要跟妹妹吵架，通常都是爲了一個我們同時想要的東西。國與國之間爭取領土也差不多是爲著同樣的原因。[4]

月稱菩薩寫道：「先有『我』的觀念，我們就執著一個自我；再有一個『心』，我們就執著一個物質世界。」[5]

嚴格說來，對於外在物的執著也包含在「我執」裡面。所有的執著都可以在五蘊裡面找到。沒有「我」或自我的基礎，對於外在物的執著就不可能升起，這就像雜草沒有泥土不能生長一般。然而，一般人的人生目標就是要獲得外在的什麼東西——獲得物質金錢，或非物質的聲名——而大多數人的幸福或成功就依據他們獲得或擁有的多寡而定。因此，把人類的執著分成這兩類是合理的。

佛教裡有「三法印」或「存在的三種特徵」，這是所有現象（一切諸法）共有的。第一是，一切都是無常的；第二是，一切是苦的；第三是，一切都是空的、無我的。所有的佛教徒都接受三法印爲基本教法。不過，關於第三個「無我」的特徵，解釋上眾說紛紜。上座部佛教徒把無我解釋爲個人的無（空掉個體）；大乘佛教的信徒（包括《心經》的信眾）則把此特徵進一步的細分爲：個我的空及現象的空。個我的空，意思是五蘊或個人的無自性；而現象界的法空，意指所有現象無自性的特質。《心經》說明，只要大多數人生命的方向是追求外在物質，那麼最實用的是把空分成這兩個類別。

爲了放下對「我」的執著，佛陀教導個體無我的本質，也就是說，「自我」只是假名，並非眞實。爲了放下對物質的執取，佛陀開示諸法性空，也就是現象無自性的道理。

---

❹「我」與「我的」的分野可以是很微細的。比如說，究竟我的頭髮是「我」還是「我的」？我在講話的那個高等智能，是從「我」、還是從「我的」發出來的？

❺頂果欽哲法王（Dilgo Khyentse Rinpoche）著，《證悟者的心要寶藏》（*The Heart Treasure of the Enlightened Ones*），英文版第八頁。中文版由雪謙文化發行。

狹義而言，物質代表我們所擁有的東西。下面的例子說明我們所擁有的正好強化我們的無知無明，充實我們的自我感。

畢業典禮通常會預留一些貴賓席。多年前，負責畢業典禮的人忘了替一位政要留下特別席。當那位政要來參加畢業典禮，發現台上沒有他的位置時，非常生氣，立刻離開了會場。人的地位越高，自我越大；人的財富越多，也會變得越傲慢。

我們所擁有的一切通常會膨脹我們的自我，增強個體感。也就是說，財富強化無明（這是痛苦的根源）；因此，對獲得解脫而言，財富形成很大的障礙。所以，對於想要開悟、獲得心性自由的修行者來說，放下對持有物的執著是很重要的。這是所有修行的基礎，因爲終結痛苦的究竟之道就是開悟，也就是自我的徹底轉換。

所有的靈性傳統都強調簡單、節儉的生活，原因就是這樣，也因此男女出家眾都要持守獨身的戒律，安貧樂道。這不僅是道德的信仰，也是爲了成就開悟與解脫的誓願。

下面是一則有關一個有錢人碰上耶穌的故事：

有一次，有人來見耶穌，說：「老師，我該做些什麼善事才能夠得到永恆的生命呢？」

耶穌回答：「你爲什麼問我關於『善』的事呢？只有一位是善的。如果你要得到永恆的生命，就應該遵守誡命。」

他就問：「哪些誡命呢？」耶穌說：「不可殺人；不可姦淫；不可偷竊；不可作假證；要孝敬父母；要愛鄰人，像愛自己一樣。」

那青年回答：「這一切誡命我都遵守了，還要做些什麼呢？」

耶穌說：「如果你要達到更完全的地步，去賣掉你所有的產業，把錢捐給窮人，你就會有財富積存在天上；然後來跟從我。」

那青年一聽見這話，垂頭喪氣地走開了，因爲他非常富有。

於是，耶穌告訴他的門徒：「我實在告訴你們，有錢人要成爲天國的子民多難哪！我再告訴你們，有錢人要成爲上帝國的子民，比駱駝穿過針眼還要困難！」〈馬太福音19：16—24〉

耶穌說，正如一奴不能事二主，人不可能同時服侍上帝與金錢❻；又說凡夫的心往往

---

❻「一個僕人不能事奉兩個主：不是惡這個愛那個，就是重這個輕那個。你們不能又事奉神，又事奉瑪門（金錢）。」〈路加福音16：13〉

都放在財富上頭。

如果要輕輕鬆鬆地過河，我們的船要輕不要重；這也就是說，我們的心不要擔負太多財富的重擔。

有六波羅蜜可以渡你從痛苦的世界到涅槃的彼岸。第一個布施波羅蜜指的是放棄私人的財物，這能夠減輕船的重量。圓佛教的始祖少太山說過：「眾生擅長自私自利，看起來很聰明的樣子，結果卻是傷害到自己；諸佛菩薩只顧利他，看起來不夠聰明，最終卻是利益到自己。」[7]

行布施正是體現無我的精神，這是我們眞我的表現。布施是打破自我、消融個體、長養慈悲心的最佳方法，也是所有修行的基礎。布施波羅蜜的修持——特別在我們捨棄所鍾愛的東西，不管是物質或觀念——那個緊緊抓住我們的內心的自我感就會鬆下來。

有一陣子，禪修時我很擔心自己無法深入地進入禪定。我想了一想，爲什麼會這樣？我就拿佛陀的生平跟自己的比較了一下，結果發現了一個重點：佛陀開始修行以前的出發點跟我的完全不一樣。就佛陀而言，他坐禪前早就捨下所有的執著。他辭親割愛，離開皇宮的舒適環境。他求道以前就已歷經完全的斷捨。當他坐在菩提樹下時，內心已經沒有任何的貪執了。他完全準備好了，基礎已經打好了。在他的大捨之後有了大悟。

我發現，雖然自己身爲法師，我的心仍舊充滿了執著，即使是非物質性的執著。正如同一艘船拋錨停泊就無法離開港口，我們有太多執著的話，也沒辦法自由地進入甚深禪定，開悟解脫。修行人必須時時的提醒自己，大捨之後方有大悟。

你可能會問，**要是我們什麼都放下，如何生存在現代的社會**？放下一切指的是，放下對我們所擁有的一切執著。這不是說，我們應該捨棄必需品，比如食物、房子，或車子。它的意思是，我們的生命不應該指向財物的累積。圓佛教有一條戒律：不要把生命用在財富的追求上。❽

我們可能需要很多東西才能生活在現代的世界裡。這也沒關係，只要我們的心對這些東西不產生執著，並且能善用它們。如此一來，我們便是在實現一無所有的法教。猶太祖師亞伯拉罕及約伯等都相當富有，但是他們的心思都沒有放在自己的財富上頭。

大衛王的兒子所羅門成爲以色列王。有一天晚上，上帝出現在他的夢中，問他想要什麼？所羅門向上帝要求智慧及一顆明辨的心，以便能睿智的管理他的人民。上帝很高興

❼ *The Scriptures of Won-Buddhism*, 360.

❽「不要執著於金銀財寶的追求。」*The Scriptures of Won-Buddhism*, 73.

地跟他說：「你既然求這事，不為自己求壽求富，也不求滅絕你仇敵的性命，單求智慧可以聽訟，我就應允你所求的，賜你聰明智慧，甚至在你以前沒有像你的，在你以後也沒有像你的。你所沒有求的，我也賜給你，就是富足、尊榮，使你在世的日子，列王中沒有一個能比你的。」〈列王 3：11—13〉

如果我們做的是上帝的事，是眞理的事，那麼，宇宙就會照顧我們的需求。一個杯子空了，自然就有涵容一切的潛能。只要我們放下心中的種種，讓心保持在純淨無邪的狀態，宇宙就會成為我們的供應站，我們的貴人及嚮導。

在《四十二章經》的第二十二章，佛說：「財色於人，人之不捨；譬如刀刃有蜜，不足一餐之美。小兒舔之，則有割舌之患。」

尋求開悟的修行者應該戒絕揮霍無度的生活，棄絕錦衣華廈與名車，因為這些東西會污染我們的心。韓國性徹禪師說過，他下輩子不想出生在有錢人的家，因為那樣的環境對於走在修行路上的人來說，並無助益。圓佛教第三代宗法師大山說，他很幸運沒有住在梵蒂岡，因為那裡的人對於聖人一直很恭敬。

很多人所渴望的奢華生活會使一個人的靈性變得遲鈍。物質的擁有，物質的特徵，對於開悟造成障礙。我們的財物或許可以讓人有滿足感，但它就像毒品一樣，會強化自我和無明。更常的是，它障礙了我們最終的開悟。

下從個人，上至國家，都應該節約，再把節餘留給後人。佛說，經濟穩定後，就應該出家求道。小乘佛教的傳統遵循佛陀的這番教誨，很多人在他們退休或小孩結婚之後，都紛紛出家為尼、當和尚去了。西方社會也鼓勵人們退休後，或時間允許的話，住在精神社區裡修行。

我們不可能又自私又快樂。我們不可能又自私又開悟。讓我們勇敢地實踐身無長物，心無執著的佛法，並且放鬆對自我感的強力執取。體現這種身無長物，心無執著的教法最後將打破無明，這個無明就是建立在我們錯誤的自我感之上的。

韓國有一套特別的衣服叫「死衣」，是給亡者穿的，跟一般衣服沒有兩樣，除了一樣：沒有口袋。我們離開這個世界時，沒有一樣東西可以帶走。

圓佛教創始祖師說過：「一個人的一生，不管他累積了多少穀物，多少金錢，往生時一個也帶不走。我們怎麼可以把那個帶不走的稱作是永遠的擁有呢？如果我們想要創造永遠的擁有，那麼我們在生時，就應該盡可能努力地做一些利他的工作，也不要想著利益的歸屬問題，如此一來，我們所累積的功德

便不會流失。我們眞正能夠永遠擁有的是我們爲正法所發下的誓願，以及我們爲了培養願力而產生的心的力量。」❾

狄更斯的小說《小氣財神》裡，那個又老又小氣的守財奴史古基在聖誕節的前夕看到了他昔日生意夥伴的鬼魂。他的夥伴爲了賺更多的錢，過勞而死。他出現時，身上有很多沉重的枷鎖。那些沉重的鍊子，加上他還負荷著滿是金幣的重箱子，讓他幾乎走不動了。史古基因爲他同夥人的出現而看到了自己的命運。

接下來，有三個精靈去造訪史古基：過去的聖誕節精靈，現在的聖誕節精靈，還有未來的聖誕節精靈。他被警告，如果再不改改他的行事作風，他將面臨可怕的命運。史古基覺得恐怖至極，也黯然神傷，發誓要痛改前非。大哭特哭之後，他突然醒了過來，原來三個精靈都在同一個晚上造訪他，而現在是聖誕節的早上。他喜出望外地發現自己還有第二個機會。

史古基象徵一個完全自我中心的現代人。他只關切他的人生目標：累積物質東西。爲了要達成他的人生目標，他作繭自縛，在裡面有時覺得安全，但大多時過得很悲慘。現代社會有很多人也是一樣，住在一個小小的世界裡，那個世界就是他們隔絕的自我感，讓自己活得很苦，也讓別人過得很苦。

史古基警覺到，自己一成不變的話，會有什麼樣的後果。這樣的覺察，讓他從自我的桎梏裡解脫出來，一夜之間轉變成一個樂善好施的人，富於慈悲心，心中充滿著喜樂。最重要的是，他恢復了年輕時代的自由快樂。

就像史古基在聖誕節早上醒來獲得第二個機會一樣，我們每天、每刻，隨時都有第二個改頭換面的機會。

❾ *The Scriptures of Won-Buddhism*, 328.

7

不生不滅

透過此滅彼滅。此不生，彼亦不生。是則一切所有的痛苦，隨即完全止息。

——龍樹菩薩❶

不生不滅，不垢不淨，不增不減。

我二十出頭時，認識一名男子，他的女朋友不告而別了。她的「消失」（滅）讓他沮喪了很久。但是，當一個新的女朋友「出現」（生）時，他又變得幸福快樂了。

幾年前，有一個知名的韓國女星自殺了。她做了那樣的選擇，因爲她無法忍受滿天惡意的流言；她個人陷入極度的痛苦，因爲她認爲她「純淨」的聲名被「染污」了。

很多人運氣或財富「增加」時，就變得非常快樂；運氣或財富「減少」時，就會難過。

不管是物質的東西（比如新車或豪宅），或非物質的東西（包括名聲、人們的認同、健康、榮譽，或不容侵損的完整性），當這些東西出現（生）或消失（滅），看起來純淨（淨）或染污（垢）時，就會影響人的心情，變得快不快樂，沮喪或歡欣等。我們的心還有我們的情緒就是這樣運作的。

我們所依的環境不停的變動，我們的心或情緒也跟著起伏不定。佛說，海裡的波浪（心）經常被過往的風（外境）攪動不停。❷

中國聖人舜，出身寒微。在他成爲皇帝以前，是一個製陶工人，屬於下層階級。不過，不管他是製陶工人或是當皇帝，據說他的心都是無二無別的。

耶穌的一生動盪不安，艱難萬分。他被法利賽人誣衊，被羅馬軍兵處刑。然而他總是說：「希望你們平安……我的平安賜給你們。」❸

佛陀把涅槃解釋成「不被制約的心」，也就是不被環境所左右的心。我們精神修煉的目標，就是要轉化散漫心（常常爲境所轉的心）爲「不受約制的心」。

龍樹菩薩把涅槃解釋爲：

不離不棄，無證無得
不被摧毀，不是恆常

❶Garfield, trans., *The Fundamental Wisdom of the Middle Path*, 78.
❷Suzuki, trans., *The Laṅkāvatāra Sūtra*, 4.
❸〈路加福音24：36〉，〈約翰福音20：19〉，〈約翰福音14：27〉。

不生亦不滅
如是說涅槃❹

涅槃是絕對境界，我們所居住的是二元相對的世界。

圓教的創始宗師在樸內閉關時，聽到附近的獵人屠殺野豬的悲慘叫聲時，心生悲憫，因而說道：「你的得是別人的失。」❺

我們喜歡到處尋找，購買便宜的衣服，那些衣服是在開發中的國家所製造的。這些衣服之所以便宜，有時候是因爲童工製作的，或者因爲工會的主席被處決了，因爲他企圖聯合公司的員工。當一方獲利時，另一方便蒙受損失。

元曉法師（西元六一七～六八六年）是韓國佛教高僧。當年他出家當和尚，主要是因爲他對這個二元相對的世界感到灰心幻滅。元曉法師出身高貴，早年曾加入花郎菁英少年軍團。他參加並且贏得多場戰役。有一天他吃了一場敗仗，連他最要好的戰袍朋友都死了。他身心交瘁地回到軍營，這樣要好的朋友戰死了，他不由得大哭一場。

他哭得疲累已極，心裡突然閃過一個念頭：「我這麼痛苦的時候，我的敵人此時此刻在做什麼？」想像中他看到了一個宴會，他的敵人正在那裡尋歡作樂，舉杯慶祝，誇耀戰績，說他們殺死了多少敵軍，並且嘲笑敵人的愚蠢。當他觀到這裡，元曉非常生氣，憤慨萬分。這樣的影像讓他熱血沸騰，一股報復的欲望油然升起。

一時間，他了解到自己也是這樣，每贏得一場戰役，他就是做同樣的事情。正像他現在身陷苦痛中，他也曾經因爲殺了很多敵人，而讓他們的親人受苦。突然間，他覺得好像從一場深沉的夢境裡甦醒過來。他對這樣的現實感到幻滅，於是就離開社會當了和尚。他要尋找絕對的眞理，活在眞理裡，同時讓所有的人都能受益。

我們所居住的是二元相對的世界。在運動競賽裡，兩方的隊伍不可能同時得勝。這個世界的相對性，此眞理在《心經》的字詞裡表現無遺：「生滅，垢淨，增減」。

韓國的經濟一度陷於極度的蕭條裡。那時，有一名男子來拜訪我的出家師父。他因爲工作被降級，薪水短少，心情壞透了。以前替他做事的一位年輕下屬取代了他的位置，

---

❹ Garfield, trans., *The Fundamental Wisdom of the Middle Path*, 73.

❺ *The Scriptures of Won-Buddhism*, 240.

他覺得很丟臉，也替自己難過。

我師父帶他去寺院裡的中庭。那時正值晚秋十分，園子裡的花很多都開了，有高高的菊花、玫瑰花，也有許多小小的無名花朵。師父問那位沮喪的男子，這些小花跟那些高大的菊花一樣漂亮嗎？那位男子看到小花其實跟大菊花、玫瑰花一樣漂亮。即使高大的菊花遮擋在在上，小花仍然努力地吸收陽光。

師父的意思是，眞理是不分別的。分別的是我們那顆愛計較、愛批判的心。這就是痛苦的因。陽光不只照耀著好人，也照耀在壞人的身上。雨不只淋在聖人，也淋在惡人身上。山上長得又好又高的樹，還有美麗的花朵，也是和各色各類的雜草一起生長的。大自然是沒有分別心的。大自然不會比較；它培育所有的樹木和動物，包括毒草及毒蛇。眞理或實相的特徵就是無分別，非二元。

門口既非出口，也非入口。這要看你人是站在那裡？如果你在室內，它便是出口；在室外，便是入口。洛磯山脈不在東，也不在西。如果你在洛杉磯，山便在東；你人在紐約，山便在西。

因爲有「我」，各種分別的想法就升起了。我們那分隔的、錯誤的自我感創造出一個二元對立的世界，因爲很多人東挑西撿的：這個職業好，那個職業不好；這個人好，那個人難搞；共和黨或民主黨的人孰優孰劣？絕對眞理的實相，完全平等的境界，無分別的眞理，非二元的世界，這些東西全被我們二元對立的心態所遮障了。

有些地區鬧水災，有些地方患乾旱。可是，不管怎樣，地球的總水量還是一模一樣。點燃一根蠟燭，它就越燒越短。它的某部份不斷地消失當中，但是它的總能量維持不變。這剛好證明了熱電學的第一條律則：事物不斷的變遷，總能量卻維持不變。

從個體或局部的觀點看來，事物「有生有滅」「有增有減」。但是從全球的觀點，並沒有東西在生滅，在增減。

一顆覺醒的心與整個宇宙是相連結的，所以對一個開悟的人而言，並沒有東西在生滅，在增減。鏡中的影像可以現前或消失，可以有垢有淨，這要看鏡子前是擺什麼東西，但是就鏡子本身來說，它沒有任何改變。

《心經》的經文說：「不生不滅，不垢不淨，不增不減」，意思是我們的本性，或所有現象界的究竟實相是不生不滅的，是不垢不淨，也是不增不減的。是永恆的，永續的，經常不變的。

我們先前已經討論過，諸佛菩薩覺悟到的眞理是：一切事物的本質是空的。他們與本性合而爲一，而這個最初的本性就如虛空一般。由於虛空的空性本質，當夜晚來臨時，虛空就變暗了；白天一來，虛空又變亮了。在虛空裡面，事物可以來來去去，增增減減，但虛空本身始終維持不變。

慧忠禪師說過：

萬法唯心。心卻沒有身體，沒有四肢。所以心怎麼能夠被創造或被摧毀？怎麼說垢、淨？完全或殘缺？如果我們看到法生，我們也會看到法滅。但是法無生，也無滅。諸法就像白內障在空中以花的姿態出現一般。這些虛假的顯現遮障了我們的慧眼。一般人對於個體性的執著就叫垢染；體悟到個體的空性稱爲「淨」。但是，假設垢可除，可以稱爲淨，那麼垢實質是空的。而在空性裡面，也沒有所謂的淨。❻

元曉法師四十五歲時，前往中國深研佛法，在當時很多韓國的僧人都是這麼做的。那時候韓國分成三個王國：新羅、高句麗，和百濟。元曉法師起初試圖步行去中國，取道北國高句麗，該國剛好跟他的祖國新羅有共同的國界。但是他被高句麗的士兵抓了關起來，他們以爲元曉法師是新羅的間諜。他被監禁了好幾個月，後來被高句麗的一名佛教徒士兵釋放出來。

後來他決定搭船去中國。爲了去海邊，他得穿越新羅西邊敵國百濟的邊境。元曉法師遇見了另一個和尚，佑桑法師，他也正想去中國學習佛法。他們一起越過百濟邊境，朝港口的方向前進。元曉法師因爲有前車之鑑，所以他們晝伏夜出，一路躲躲藏藏的。一天夜裡，他們在山裡走著的時候，月亮突然被烏雲蓋住，整個世界陷入黑暗裡。更糟的是，天空也開始下起雨來了。夜是一片漆黑，看不清前路。他們在黑暗中摸索著前進，想要在夜裡找個棲身之地。最後他們發現了一個洞穴，看起來似乎是個理想的地方，可以遮風擋雨的。在洞裡，他們很快就睡著了。

半夜時，元曉法師醒過來。他覺得口渴，於是在黑暗中四處摸索找水喝。他找到一個碗，裡面盛著雨水。喝了一大半後，他覺得那水十分清新，之後很快又睡回去了。隔天早上元曉法師醒過來，他很震驚地發現，原來那個山洞是附近村民停放屍體的地方。他也看到那個他喝過水的碗，昨晚還認爲水很清新，現在赫然發現原來是個骷髏頭，裡面盛滿髒水和蛆。他感到噁心，很快地開始吐了起來。

❻ Red Pine, *The Heart Sutra*, 94-95.

一會兒後，他振作起來，心裡就起了個念頭：「昨晚我很渴，那個水喝起來就很甜美、清新。但是，當我看到那個水是裝在骷髏頭裡的時候，我就噁心嘔吐，雖然裡面的水還是同樣的水。」當下元曉法師就開悟了，他清楚的見到眞理，原來一切都是我們心的創造。他寫了一首詩：「一念升起時，諸法就升起了；一念止息時，諸法就消滅了。」

不管這個水是裝在馬桶或金杯裡，水只是水。恆河的水既不神聖也不褻瀆。對印度人來說，這水是神聖的；對很多觀光客來說，這水是不衛生的，因爲許多火葬場就建在河畔。同樣地，對佛教徒而言，夢見佛像是很吉祥的，但是對於一些基督徒而言，一樣的像可能會被解釋成凶兆。它不過是我們夢中的像罷了。想法只是一個想法，沒有所謂吉祥不吉祥。

當我們領悟到眞理，看到一切唯心所造，我們可以在個人的層面上，獲得心的解脫。就全球的層次而言，社會改革接二連三的發生，因爲我們知道，各種的分別歧視，從種族到性別歧視，無一不源自於我們的想法，而這些想法並不是絕對的眞理。一旦我們體悟到這點，爲了爭奪「聖」地而發動的宗教戰爭也會消失，因爲「神聖」只存在我們的心裡。

那麼我們如何越過這個二元對立的、充滿憂悲苦惱的世界，到達絕對眞理、完全平等的境界呢？

只要二元對立世界的想法升起，而這些念頭的根源來自於我們的自我感，那麼出離二元對立世界的解脫之道就是開悟，也就是了悟一切事物本質是空的道理。

圓佛教的創始宗師少太山開示過，自古以來，沒有一個志求大道的修行者不修習禪定的。想要獲得開悟而不修定，不培養智慧——特別是透過公案的練習——是不可能的。❼禪定、公案、經典研習，這些都重要，但一樣重要的是練習揚棄我們那「挑三揀四」的態度。由於我們的好惡心，我們的偏好，這些執著使得我們的心糾纏不清。我們喪失了心的自由，取而代之的是持續不斷地增強我們的無知無明。

根據龍樹菩薩：

彼與此止息，
此與彼即不現。
一切的痛苦，

❼ *The Scriptures of Won-Buddhism*, 61.

亦即完全止息。

僧璨是禪宗的第三代祖師，他寫道：

至道無難，唯嫌揀擇，
但莫憎愛，洞然明白。
毫釐有差，天地懸隔，
欲得現前，莫存順逆。
違順相爭，是爲心病。

特別是在佛教的傳統裡，很多師父一向都用種種方便，教徒弟放下二元對立的想法。韓國有一個和尚跟他的師父中摩禪師。當禪師年紀很老，瀕臨死亡之時，這位年輕的和尚還是以極度的虔誠，十分盡責地侍奉他的老師父。小和尚想要在師父臨終的時刻都隨侍在側。他師父突然大便在褲子裡，然後起身用手把糞便塗在牆壁上。整個房間頓時臭氣沖天。心想老師父已經瘋了，小和尚打算離開房間。當下老法師攔住他，說道：「你一定要在場，看看一個開悟者的最後時刻。」隨後他就捨報了，剎那間室內異香撲鼻。❽老法師已有大法力，他要教導小和尚放下揀擇的態度，捨棄他的偏好。

傳說佛陀侍者阿難出去乞食時，專挑富人的家，因爲他對富人的未來憂心忡忡。有錢人一向自大又懶惰，來世很容易下墮。迦葉尊者是佛陀的十大弟子之一，據說他專門向窮人乞討，用意是想藉由他們的布施，讓他們累積福報。而佛陀則是挨家挨戶的行乞，毫無分別。在我們的日常生活當中，沒有揀擇的做事，沒有分別的念頭，成爲主要的修行。這是心的解脫之道。

放棄分別念也可以及早教給孩子。有一個韓國小學教師就曾經將圓佛教的教理應用在她的學生身上，以幫助他們了解他們的內心，並且獲得自由。常常，她會要求學生穿不喜歡的衣服上學。許多學生堅稱他們討厭某一款式的衣服，可是等到他們實際穿上時，發現其實並不那麼討厭。此外，爲了協助學生打破偏食的壞習慣，她設計了一個特別的日子，到時他們須得帶一種他們不喜歡的食物當午餐。學生後來也了解到，他們所吃的食物也沒有原先想像的那麼糟。

❽ Kyongbong, *Touch the Door Latch In the Middle of the Night*, 26.

透過這些實質的練習，人的心得到自由，得以從好惡的習性中解脫出來。這些操作幫助我們打破各種內心所創造出來的束縛，我們的心也得以從變動不居的環境所產生的二元思想中釋放出來。這些練習幫助我們打破那些固定的想法以及先入爲主的觀念。

下面這一則故事取材自圓佛教一位年輕法師的日記，他是負責美國圓佛教寺院裡的青年營。在一次例行的週日晚課之後，很多教友聚在一起慶生，隨後他寫下這則日記。

生日蠟燭吹息後，一位年輕人走到法師身邊，逗弄地要求他到台上唱一首歌。所有的教友都知道，這位年輕法師很靦腆，所以看到他毫不遲疑的站上台時，都吃了一驚。他唱了一首嘻哈歌曲，而且也隨著節奏跳舞，大家看了都很高興。

隔週他對那個插曲做了一番開示。他談到自己被要求唱歌時，心裡是怎麼感覺的。他的話感動了我和在場的許多人。他在日記裡寫道：

韓國有一句話說：「就像一隻前往屠宰場的牛一般。」這句話用來描寫一個人硬著頭皮去做很不情願做的事，就是這樣的情境。我被要求在眾人的面前唱歌時，就是這種感覺。我非常緊繃。所有的教友都在看著我，等著我的回應。我很緊張，但是我不願意打破這裡歡樂的氣氛。

我決定爲了別人的歡樂而犧牲自己。我又唱又跳，瘋了似的。我利用這個機會當作我修行的一部份。

有趣的是，我發現我又唱又跳時，自己得到很大的釋放。我感覺自己似乎久遠以來就背著沉重的包袱，現在終於放下了。我從一個重量（我心目中的自己，也是我一向寡言、害羞的原因）裡解脫出來。

起初，我跟世界上其他的人一樣，既不害羞，也不大膽；非內向，也非外向。當然，二十幾年來，我生存的環境和個性使得我很害羞。我也被那樣的想法陷住了。雖然我已經學習並且清楚地了解，我的本性既不害羞也不大膽，我還是習慣性地活得很害羞內向。當我唱歌跳舞的時候，我把我的自我放下了。在那個時刻，我跟當年在菩提達摩祖師前，斷臂求法的二祖，是沒有兩樣的。

禪宗有一句話說：「當你站在懸崖邊的時候，再向前一步吧！」當我再向前一步，走向那陌生的世界時，我感到很大的解脫，眞有如釋重負之感。

現在想想，我們多麼受到我們想法的蒙蔽！這些念頭很多時候既非實相，又非眞理。跟我共事的一位法師談她的經驗，告訴我人是多麼容易受到想法的蒙蔽。許多年後，她的老法友來拜訪她。她們共住一房，兩張床之間隔著一塊板。她和老友隔著板聊天，雖然看不到對方的臉，感覺很好玩。她們兩個都在床上，睡覺前，她的朋友說自己變得很快樂，因爲她聽說媽媽要從韓國搬去夏威夷了。她的朋友很想念媽媽，但是因爲工作的關係，一直沒法回去韓國。她告訴法師，她一向都覺得很不舒坦，但一聽說媽媽要來了，心裡覺得很棒。法師了解到，人是多麼容易受到思想的蒙蔽：**她媽媽還沒到夏威夷，但她的感覺就已大大不同**。

我們都是這樣過生活的。一個念頭就讓我們受苦。另一念升起，我們又快樂了。種種的情緒：沮喪、嫉妒、生氣、羨慕、挫折、絕望、失望，全都來自一念。我們被那個念頭所愚弄、所蒙蔽，而那不過是一個想法罷了，並非實相。這些想法驅趕著我們的心，主宰著我們生命的流向。這些念頭讓我們快樂或悲傷，憂愁或歡愉，生氣或高興。

讓我們保持這樣的了知：念頭只不過是念頭，並非實相。世界原本如此。由於我們的念頭——那是我們內心所創造的——我們居住在一個我們所建造的世界裡。我們把自己囚禁在那兒。

有位禪師說過：「不怕念起，只怕覺遲。」

一念升起時，讓我們都能認知，這只是一念。讓我們不要再捲入更多的故事裡，那些都是我們錯誤的自我所書寫的。讓我們都能覺醒在眞理中，了知念頭並非實相。

如果我們能定時禪修、參公案、研讀經典，更重要的是，在日常生活裡，努力學著放下揀擇的習慣，那麼，開悟之門自然開啓。則不管境遇如何，我們每時每刻裡所享有的自由將越來越多。

8

鞋子合腳
就忘了鞋子的存在

學習佛道就是學習自己。學習自己就是忘掉自己。忘掉自己就被一切所啓發。受一切啓發，就能從自己的身心，以及他人的身心中解脫。

這樣的開悟無跡可尋。無跡可尋的開悟恆常持續下去。

——道元禪師

是故空中無色，無受、想、行、識。
無眼、耳、鼻、舌、身、意。
無色、聲、香、味、觸、法。
無眼界、耳界、鼻界、舌界、身界、乃至無意識界。

《心經》的這段經文說的是，能知、所知，以及我們的感知都是空的。

前面的章節已經將「我」界定爲能感知的主體，是空的，也就是五蘊皆空。而一切法是所知的客體，也是空的。

就像這段經文所顯示的，不僅能知的主體、所知的客體是空的，連同感知本身（它的升起是在我們的感官接觸到感官的對象時產生的）也是空的。感官，感官的對象，以及感知本身並非固有的存在。它們的存在是有因緣條件的。既然它們是相依而生的，所以就沒有眞實的存在。

在佛陀的時代，哲學家和靈修者（包括佛陀的弟子）進行很多哲學和形上學的論爭。他們爭辯宇宙是不是有限的？一尊佛入滅後是不是還存在？諸如此類的。

關於這一點，佛陀說了以下的故事：

有一個人被一支毒箭所射，他的親戚朋友帶他去看外科醫生。如果這個病人當時說：「除非知道射我的人是誰，否則我不願取出毒箭。我要知道他是剎帝利（戰士階級）、婆羅門（祭司階級）、吠舍（貿易、農業階級），或是首陀羅（最低階級）。我要知道他的名字和家庭。我也要知道他的高矮胖瘦；膚色是黑，是棕，還是金黃色？他打哪兒來？是村莊，城鎮，還是都市？除非我知道我被射的是那類型的弓，否則不要取出毒箭。我也要知道那支弓所使用的繩，用的是什麼箭？箭上的羽毛，以及箭的材質我通通都要知道。」❶

❶ Rahul, *What the Buddha Taught*, 14.

佛陀用這個比喻說明，那些喜歡思維、討論不必要的形而上及哲學議題，就像這個被毒箭所傷的人不肯接受治療一樣。佛陀唯一教導的是人類出離痛苦的方法。

那麼人類痛苦的根源是什麼呢？我們痛苦的根源永遠是「我」或自己。各類的痛苦從六種識升起：眼、耳、鼻、舌、身、意。舉例來說，當我看到老闆的時候，憤怒可能就升起了。當我聽到我考試不及格的時候，我會變得非常難過。

如果這些識的感知不升起，那麼我們的痛苦就不會升起，因爲我們的痛苦失去了立足點。《四十二章經》的第七章說道：

有人聞佛道守大仁慈，以惡來，以善往，故來罵。佛默然不答，愍之癡冥狂愚使然。罵止，問曰：「子以禮從人，其人不納，實禮如之乎？」曰：「持歸。」「今子罵我，我亦不納，子自持歸，禍子身矣！猶響應聲，影之追形，終無免離，愼爲惡也。」

高度覺悟的心是不會被他們所見、所聽、所聞、所觸、所想而左右的；當然，他們對這些感覺、念頭，還是清楚覺知的。正如同風吹不走虛空和光明，感官經驗也動不了一顆覺悟的心。禪宗有一句話說：「日落大海而不沾濕。」其中描繪的是覺悟的心境，也是我們的本性。道元禪師說：「一個人精神覺醒以後，就像月亮『居住』在水中：月不淋濕，水不粉碎。」❷

《休休庵坐禪論》談到：「看時無看，聽時無聞。」這就是覺悟心的境界。

六種識是由五種感官的識（視覺、聽覺、嗅覺、味覺、觸覺）加上意識。爲了了解六識的空性，讓我們思維六識是如何升起的。

當我們的六種感官（也就是能知的主體），接觸六種感官的對象（也就是所知的客體）時，識就升起了。當我們的眼睛（或者耳朵、鼻子、舌頭、身體、心）遇見視覺形象或光（或聲、香、味、觸、想法，或者心的對象❸）時，視覺的（聽覺的、嗅覺的、味覺的、觸覺的、或心意的）識就升起了。

依著不同的對象——比如吃巧克力，喝到壞掉的牛奶，或者看到老闆或愛人——我們的感知或識就可能變得愉快、不愉快，或中性的。我們生命的取向經常是避苦就樂。

❷ Nearman, trans., *The Shōbōgenzō*, 56.

❸ 有時候我們用「法」這個字，而不說「心所緣物」。在這裡，「法」指的是所有的觀念、思想、宗教法義、教條、原則等。

六個能知的主體加上六個所知的客體統稱爲十二處。此十二處加上六種識統稱爲十八界，或十八要素。佛說，這個世界就是十八要素❹。

讓我們好好想一想，以便了解十八要素的空性本質。因爲六種感官是客觀世界的基礎，它們就稱之爲六根。如果我們沒有感官，我們還能看、聽、聞、嚐、觸、想嗎？當然不行。雖然有六種感官對象，沒有六種感官的話，感知或識就無法升起。

即使我們有感官，沒有感官對象的話，感知或識還是無法升起。想像一下，如果生長在一個全黑的山洞，一輩子就活在那裡面，即使你有眼睛，沒有光的話，你沒辦法看，眼識就無法升起。同樣的，即使你有耳朵，如果沒有聲音，聽覺的識就無法升起。

看是看到什麼。聽是聽到什麼。想是想到什麼。見、聞、嗅、味、觸、想的功能要啓動的話，不僅要有感官，也必須要有感官的對象物。

以死人爲例。就算他或她有感官（眼、耳、鼻、舌、身），而且四周環繞著感官的刺激物，像聲、光、味道等等，死人還是無法體驗這些感覺，因此感知的作用就無法升起。

眼識要升起，光靠眼睛與光的存在是不夠的。眼識要起作用，先決條件是要有意識。耳識要起作用——同樣地，見、聞、嗅、想的作用要升起——光靠耳朵與聲音是不夠的，意識也是不可或缺的。這跟照相一樣。照相機（它的功能跟眼睛一樣）和客體（就是被照的東西）的存在是不夠的。還須得有攝影師才行，他的作用就像意識一樣。所以，意識是促使經驗升起不可或缺的要素。只有在感官、感官對象，以及識一起作用，各種識才能升起。舉個例子，影像要現在鏡中，需要三樣東西：鏡子、物件，以及光線。佛陀用了這個比喻：「切下三根蘆葦，要站立的話，須得相依而立。如果抽走一根，其他兩根就會倒下了。」❺

本書已經詳細討論過，空的意思是，事物沒有一個本有的存在。（請特別參閱第四章）既然十八要素相依而生，也就是說，唯有在能知的主體、所知的客體，還有識一起作用，他們才能升起。如此，十八要素是空的。既然十八要素無法獨立存在，在究竟的層次而言，它們是不存在的。因此《心經》會說：

> 是故空中無色，無受想行識；無眼耳鼻舌身意；無色聲香味觸法；無眼界乃至無意識界。

❹Red Pine, *The Heart Sutra*, 108.

❺一行禪師著，《佛陀之心：一行禪師的佛法講堂》（*The Heart of the Buddha's Teaching*），英文版第 222 頁。中文版由橡實文化發行。

無色，無受想行識意思是五蘊皆空（請閱讀第三、第四章內文）。**無眼耳鼻舌身意**指的是能知主體的空。正在經驗或感知的人是空的。**無色聲香味觸法**指的是所知客體的空。被經驗或被感知的客體或現象也是空的。能觀、所觀，以及感知或意識都是空的，因爲他們無法獨立存在。

崇山禪師有一次杖打地面，然後問道：「這根杖、這聲音，還有你的心是一還是二？」一個學生說一個，另一個說兩個。崇山並不回答，他又杖打地面一次，暗示他們的答案不好，因爲他們的答案不過是知性上的觀念罷了。他想要顯示，正如世界上所有的一切，聲音的存在也是仰賴其他的條件。

禪宗第三代祖師僧璨說：

分別念一不生，舊有心即止息。思想客體消失，思維主體亦亡。

正如心亡物即消。

物爲客體，因有主體（心）。心（主體）如是，因物（客體）如是。

了悟主客的相對性，以及根本實相：空是一如的。

在此空性當中，主客是不分的，而各又包含整個世界……。

在此眞如的世界，無自無他。
若要與此實相相即相融，
一念生疑時，立即說：「不二。」
在這「不二」當中，事物是不隔的，亦無排他性。
不管何時何地，開悟意即進入此眞理之中。

參照原文：

二由一有，一亦莫守。一心不生，萬法無咎。
無咎無法，不生不心，能隨境滅，境逐能沉。
境由能境，能由境能，欲知兩段，元是一空。
一空同兩，齊含萬象……。
眞如法界，無他無自。要急相應，唯言不二。
不二皆同，無不包容。十方智者，皆入此宗。❻

❻ Soeng, *Trust in Mind*, 14-16.

慧中法師說過：「人不了解自心，把形色當作是心外的東西。他不了解，形色是因爲心而存在的。形色來自於心，不然還有其他的來處嗎？因此，經上說：『色不異空。』」❼

我們的心和色塵（感官的對象）在科學上已經由量子物理學證明爲一體，或不可分隔性。（請參閱第五章有詳盡的解釋。）埃爾溫・薛丁格是量子物理學的始祖之一，他寫道：「主體和客體只是一個，它們之間的界限不能說是由於近代物理科學的經驗而被打破了，因爲這個界限根本就不存在。」❽儒勒・昂利・龐加來（Jules Henri Poincare）是法國的數學家，他說：「不可能有一個實相獨立存在於一顆構想得到、看得到、覺知得到的心之外。即使這個世界眞的存在，我們也完全沒辦法能接近它。」❾尤金・威格納（Eugene Wigner）是量子力學的先驅之一，他說，如果沒有進入人的意識裡，量子的結果就不定。又說：「不將意識列入考慮的話，就無法前後一致地爲法則定出公式。」❿

何處是山谷的盡頭？何處是山峰的起始呢？山峰是在那裡結束？山谷又打那兒開始的呢？何處是市區和郊區的分界點？東西的交界分得清嗎？太平洋與大西洋是在那裡區分的？它們在概念上大大不同，名字互異，但是它們也不過是一個實相的多重面向罷了。

太平洋和大西洋，山峰與山谷，東邊和西邊，這些都只是概念上的區分，在實際上並無差別。同樣地，感知的器官，被感知的對象，以及因感知而起的想法只是概念上的區分，是一個實相的不同面向而已。以眞理的角度而言，它們是不可能被區分、被分離的。想想一塊磁鐵條，你無法把它分開來，說你只要南極或北極。感知器官，感知的對象，感知的概念本身並非獨立或可區隔的個體。

我們來探討六個感官的區別。舌頭的末端，身體的開端在哪裡？鼻子的尾端，身體的開端又在哪裡？眼睛、耳朵、鼻子、舌頭、身體和心都是人爲的分別。這個區分完全的武斷。它們是方便性的名稱，是心理的建構，與實相無關。在實相裡，這些感官以一個實體存在。就法而言，我們不應該把這六個感官視爲分別的或獨立的實體。

我們可以說，我們用眼睛看，但是，如果沒有我們的心、腦，或神經系統（那個也是身體的一部份），我們的眼睛能看嗎？我們可以說，我們的舌頭能嚐，但是，沒有我們的心或意識，或者，沒有眼睛、雙手，或頭腦的從旁協助，我們的舌頭能嚐嗎？我們可以說，我們的心在想事情，但是，如果沒有見、聞、嗅、嚐，或觸的功能，我們可能思考

❼ Red Pine, *The Heart Sutra*, 80.
❽ Ricard and Thuan, *The Quantum and the Lotus*, 168.
❾ Ricard and Thuan, *The Quantum and the Lotus*, 121.
❿ Wigner, *Symmistries and Reflections*, 172.

嗎？如果要解決數學的問題，我們必須用眼睛看問題，用手寫答案。⓫

很多佛教法師對這個相依性還有很精闢的見解。洞山禪師說過：「當你用眼睛傾聽時，你就知道了。」道元禪師說：「整個身心貫注來看到形色；整個身心貫注來聽到聲音，這些聲音與形色是很私密地被感知著。」⓬正如上面《心經》的經文所闡釋的，以絕對的層次而言，十八界的分野是不可能存在的。就像眼睛、耳朵等等屬於一個身體——即使它們有不同的名字——又像身和心屬於一個人，同樣地，這十八種元素無法獨立存在。它們屬於一個究竟實相，雖然它有種種的名相：心，唯一的生命，上帝，法身佛……等等。這十八要素，或一切現象，都是我們的心所創造出來的。⓭所有佛陀的法教可以濃縮成這句話：萬法由心生。⓮

洞山禪師看到自己在溪水中的倒影而開悟。我們的空性，或一切唯心造的佛法，這樣的悟是我們應該去體驗的。

我們可以在每天的生活裡一瞥一切性空的道理。舉例來說，依著我們不同的心境，飢餓的程度，或我們共餐的對象，相同的食物會有不同的味道。依著你特殊的處境（比如升遷或革職），同樣的消息聽起來大不相同。如果你正全神貫注在某件事上頭，你可能根本沒聽到那個消息。

這表示所有的事物是空性的，一切都是唯心所造的。有一個和尚問中國的趙州禪師：「狗有佛性嗎？」趙州禪師回答：「無。」這不是合理的答案。佛陀教導我們，一切眾生皆有佛性。趙州禪師的「無」是一個眾所周知的公案。有一個韓國和尚把這個公案牢記在心，參了很長的時間，整個心都變成了「無」。他的心變得非常專注而清晰，所有散漫、二元對立的想法都不見。最後連問題本身都消失，他就開悟了。參這條公案讓他體悟了「無」的眞正意義，那就是究竟的眞理。

洞山禪師還很年輕的時候就閱讀《心經》了。當他讀到「無眼耳鼻舌身意」這段經文的時候，他很驚訝，趕快摸摸他的眼睛、耳朵，確定它們都在。當公案斷除了眼耳鼻舌身意所造成的分別，也就是說，當我們的心從見、聞、嗅、味、觸、想裡面解脫出來，那麼我們就可以覺悟到諸法，包括十八界的空性。當我們的眼耳鼻舌身意消失了，我們整個存在，整個宇宙的所有一切都將變成我們的感官[15]。到那個時候，我們就可以眞正領

[11] Lee, *The Heart Sutra*, 256.
[12] Yasutani, *Flowers Fall*, 102.
[13] 這裡的「心」，不是指六個感官中的心，而是指宇宙心。
[14] 這裡的梵文以 manoja 表示。Mano 的意思是「心」，而 ja 的意思是「生」或「升起」的意思。
[15] Chungwha, *The Heart Sutra*, 156.

略《心經》裡「無」的意義，並且與之合而為一。

詩人里爾克有一首詩表達這個眞理：

滅了我的眼睛，我還是可以一直看到你。
封了我的耳朵，我還是可以一直聽到你。
沒有了腿，我還是可以朝著你前進。
沒有了嘴，我還是可以詛咒你的名。

當人們開始練習禪坐，深入學習空性的佛法，他們就越來越不會跟自己認同，認為自己是肉體或心智的存在。比方說，當你練習禪坐，觀察身體的感受、念頭、情緒（這些都不斷地升起、止息當中）以便保持專注的狀態，這時你可以輕易地觀察到這些身體與心緒因素的空性本質，而慢慢不再認同你的肉體和心智。於是很多修行者就開始認同觀察意識，也就是那個觀察身體感受和念頭起滅的意識，把它當作是眞我，並且相信這個眞我是不會改變的。他們會認為，這個初始的覺，或宇宙的意識是他們的心性、不變的本質。

然而，你要記住，我們的意識也是隨因緣而起，本身是空的，跟我們生命的所有元素一樣。我們之前也討論過，沒有感官和感官對象的話，意識本身是無法存在的。

禪宗第三代祖師僧璨說過：「雖然所有的二元對待從一而來，連這個一也不要執著。」⑯（原文：二由一有，一亦莫守。）修行功夫日深時，行者有時候會有自我消失的經驗。禪行者進入甚深禪定，到達無念無受時，有時會感覺身體消失不見了，因而嚇了一跳。有些修行者會摸摸頭或手，確定它們還在。這樣的體驗有時候蠻嚇人的，好像失去了立足點。喬瑟．戈思坦把這種經驗比喻成從飛機上跳下的自由落體⑰。人會變得驚慌，以爲會撞到地上。但是當我們證得般若智慧，或體悟自身、諸法的空性，我們不但不害怕，反而會享受掉落的感覺。當我們清楚認知，無人可墜落（自性空），無地可撞（法空或現象界的空性），那麼我們就可以享受自由落體，就像我們享受雲霄飛車的刺激感一樣。

當你體悟到，沒有人可束縛你，你的身體不過是個幻相，你就全然自由了，也可以享受每一刻的生命。這就是般若經驗，能夠通達究竟解脫之境。

---

⑯ Kornfield, ed., *Teachings of the Buddha*, 144.

⑰ Goldstein, *Insight Meditation*, 116.

9
十二因緣

如果我們觀察所有眾生的生命，還有他們輪迴的過程，我們會發現，人類的職業和他們的生活方式大大不同。

不過，我們可以把人類的生活分為兩種類型。一種是執著的世界；另一種是解脫的世界。

在第一個世界裡，人類被貪、嗔、痴所驅使。他們不管明天，只顧今天的享樂生活。在這個世界裡，他們蒙蔽了心靈，散亂了心思（他們的心本來是清淨完美的），一邊過日子，一邊製造很多罪業。

在第二個世界裡，人類的行為指導原則是凝注、智慧與覺觀的。他們的生活方式能照亮他們的內心，心思集中，心神凝聚。即使他們今天過得不快樂，他們也會創造明天的福祉。

——圓佛教第三代祖師大舉宗法師

特別是在小乘的傳統裡，很多佛教的經典常常描述，佛陀是如何覺悟緣起法和四聖諦的。就像牛頓體悟了地心引力原理，從而解釋宇宙所有的現象；同樣的，發現了緣起法，由此解釋世界、宇宙，以及我們心性運作的原理。緣起法是如此的重要，佛陀說：「看到相生緣起的道理就能見到佛陀。」❶佛又說：「見到緣起就見到法，見到法的就看到緣起。」

「緣起」或「相依共生」是梵文 pratityasamutpada 的翻譯，字義是「相依而升起」❷。緣起的意思是，宇宙萬物，不管是有情或無情眾生，不論是身體的、心理的，或情感的存在，都是依它而起的。換句話說，一切現象都在一個因果網裡相依而升起。

佛陀說：

此生則彼生；
此起則彼起。

---

❶一行禪師著，《佛陀之心：一行禪師的佛法講堂》（*The Heart of the Buddha's Teaching*），英文版第二二六頁。中文版由橡實文化發行。

❷Pratitya 意思是「依賴」。Sam 意思是「共同」「和」或「一起」。utpada 意思是「升起」或「源自」。Pratityasamutpada 有不同的英譯：「緣起」「條件式的發生」「相依相生」「相互依賴的升起」，或「意外發生」。

此不存在，彼亦不存在。
此滅彼亦滅。❸

緣起法所揭示的是，沒有什麼可以獨立存在。萬物的存在有很多因素，稱爲「因緣條件」，再轉換爲其他的因素，這些因素又不斷地制約更多的因素，如此連續不停地繼續下去。

現在我們想想一棵樹是如何存在的。先從一顆種子開始，然後得力於很多助緣，比如陽光、雨水、肥沃的土壤，它就開始發芽、生長了。想想脾氣和恨意是怎麼產生的：來自於思想或回憶，比如你想起有人說什麼讓你難過的話，或你看到什麼讓你不高興的事。每一件事的升起都是依靠別的因緣條件的，這包括我們的想法、我們的情緒……等等。每一種存在都是因緣和合的。沒有一個存在不是緣起法來的。

佛陀十二歲的時候，當時他還沒開悟，就首度悟入緣起法。年輕的悉達多太子坐在樹下，他看著一個農夫犁田。因爲悉達多太子生長在皇宮裡，受到保護，遠離任何不愉快的景象❹，看到這樣辛苦工作的一幕，他感到很驚訝。他一面替農夫難過，同時也注意到泥土裡冒出一隻蟲。突然間，一隻鳥出現了，牠把蟲吃掉。正當鳥吃蟲子時，一隻老鷹從天際俯衝下來，啄走了小鳥。

這是年輕的悉達多太子第一次看到苦，也就是所有生命裡不滿意的面向。他變得傷感，並且鬱鬱不樂起來。他自顧自地想著：「如果農夫沒有犁田，蟲就不會冒出地上；如果小鳥不是剛巧在田裡附近，蟲就不會喪失生命；如果小鳥不顧著吃蟲，就很有可能逃過老鷹。諸如此類地一直想下去。」這是悉達多太子第一次體驗到緣起法。

佛陀究竟覺悟以後，他完全了悟緣起的眞理，也特別用十二因緣來解釋娑婆世界的輪迴狀況。

十二因緣法詳細描繪人的出生、受苦，到死亡，歷經了十二個因因相扣的階段。因爲這個法解釋了人類情境的輪迴存在，一旦了解了這個法，我們就可以獲得解脫輪迴的智慧，步上了出離娑婆的解脫之道。

❸ Bhikkhu Bodhi, trans., *The Connected Discourses of the Buddha*, 575.

❹ 釋迦牟尼佛降生時，住在不遠處山裡有一位隱士，發現一道光，於是他下山來到皇宮。看到嬰兒時，他向釋迦牟尼佛的父王宣布：「如果你的兒子繼承王位，以後將是一個偉大的統治者，會統一印度所有的王國。如果他離開皇宮出家，他將成佛，成為一個偉大的覺者，救度無數的有情衆生。」聽到這個預言之後，國王要他的隨從把周遭所有不愉悅的事物移走，這樣佛陀就不會想離開皇宮去尋求真理。

所有人類的苦——不管是病死苦、愛別離苦、求不得苦——起因於生，也就是我們有了生命的這個事實。佛陀悟到，由於我們的業力（業力又源自於無明無知），人類被驅趕到連續不斷的輪迴裡，還有隨之而來的受苦。因此，爲了解釋人類生死不斷的輪迴，佛陀教導了十二因緣法。我們必須了解的第一個因緣便是無明。

十二因緣

無明。又稱 **avidya**，是人類輪迴繼續受苦的根本原因。**Avidya** 意思是缺乏了解，缺乏智慧。**Vidya** 的意思是「看」或「了解」，字首的 **a** 表示「不是」或「沒有」的意思。中文譯作「無明」，字面上是「無知」或「無光」的意思。「無」是「空無」或「沒有」，而「明」是「光亮」的意思。

羅馬軍團打過的戰役，最激烈的其中一場是和匈奴打的。匈奴老是侵略羅馬領土，而且不容易被擊退。有一場特別的戰役還打到三更半夜。他們在月光下大戰。一時間，月亮突然不見了，戰場一片漆黑。雙方的士兵都分不清旁邊的是敵是友？乾脆有人靠近便殺。清晨時，兩邊的軍隊發現他們殺了好多自己的士兵。

9 十二因緣

生命之輪

無明
業的造作（行）
意識（識）
心與身（名與色）
六種感官（六入）
接觸（觸）
感受（受）
渴求，貪愛（愛）
執取（取）
形成（有）
生
老年與死亡
無明
癡，迷惑
貪
瞋，生氣

人類就像那場戰役裡的士兵一樣地活著。既然大多數的人都沒有開悟，就無法如實地看清事物，因此在生命裡，我們就像羅馬士兵一樣地行動著。我們被欲望或習慣煽動著，看不清我們行爲的後果。有時候我們造作善業，有時候造作惡業。正如同羅馬士兵因爲沒有光而作了讓自己痛苦的行爲，avidya（黑暗或無明）驅使我們參與了各種的業行。到頭來我們嚐到了苦果。

在這裡，無明指的是我們對於實相的無知。實相指的是所有事物（包括我們自己和一切的現象界）的空性本質。這樣的無明引起了執著。十二因緣在生命之輪上以十二種圖像做代表，這種傳統的圖解是生命輪迴的表徵。無明的象徵是盲人，他拄著一根拐杖摸索著前進，在娑婆世界裡飄泊，經常跌倒，沒於痛苦之中，因爲他不知道前面有什麼？也不知道要去哪裡？

關於無明的起源，圓佛教第二代宗師鼎山（Chongsan）說過：

儘管天空原本是清明的，風起時帶來能量的流動，雲也隨之湧現，蒼穹下一片陰霾。雖然我們的本性原本是純淨的，由於心的造作，時而躁動，時而平靜，無明便升起了。心一平靜下來，它的純淨和明亮就恢復了。心如果緊張不安，無明就升起了。話雖如此，如果心的操作是沒有擾攘的，在動中也能保持平靜，維持它的明亮。相反地，如果心中攘攘而動的話，無明就來了，心中就一片陰霾。❺

意志或業力的行爲。第二因緣稱爲**samskara**，是意志或業力的行爲。人們受到慣性能量及無明的衝動所驅使，造作了種種的業行。只要有無明，就有業的形成：不管善的、惡的，或非善非惡的。第二因緣由一個製陶工人所表徵，他在輪子上塑造一個花瓶。正如一個陶瓶可以塑造成很多形狀，大小不同，人們也藉由身、語、意的行爲而型塑他們的業。

意識。我們透過身、語、意所創造的業力行爲會把它隱藏性的種子種植在我們的意識或心性之流裡，又稱爲**vijnana**，這裡攜帶我們所有善惡業行的印記。當這些業力的印記被啓動時，會引動所有其他的因緣，最後導致我們在六道裡輪迴受生。我們意識中的這

❺ Chung, trans., *The Dharma Master Chongsan of Won Buddhism*, 119-120.

些業力的印記連結過去到現在，也連結現在到未來。

第三個因緣由一隻猴子所象徵。這隻猴子躁動不安的由一棵樹盪到另一棵樹。猴子代表我們受蒙蔽的意識，受到業的能量所驅動。就像一隻猴子毫無目標地從這枝樹枝跳到那根樹枝，我們臨終時，我們蒙蔽不清的意識也會促使我們在某一道裡輪迴受生爲某種有情眾生。

心與身，或名與色。我們存在體中的心智成份被稱爲 **nama**，或名；而身體的部份就稱爲 **rupa**，或色。我們那蒙蔽不清的意識使我們連結到一個子宮，之後就發展成一個身體（**rupa**），還有一個心（**nama**）。第三個因緣引發了第四個因緣。

第四個心與身的因緣以一艘船上的五個人爲象徵。這些人代表構成我們自我的五蘊：一個色身以及四個心的成份，也就是受、想、行、識（請閱第三章）。

六入（六種感官）。當身體和心形成的時候，六種感官——眼、耳、鼻、舌、身、意——就在子宮裡發展出來。這些叫做 **adayatana**。

第五個因緣以一間具有五個窗戶一扇門的空房子做象徵；門窗代表六個感官，透過它們可以感知到外界。遠遠地看，房子裡面好像住著人，其實是空的。同樣地，人類只是身與心的五蘊集。我們身與心居住的地方並沒有一個主人，或靈魂，或**atman**（我）這樣不可見的實體。

觸。當一個嬰兒誕生的時候，它的感官開始接觸（稱爲sparsha）感官物：眼對色，耳對聲，鼻對氣味，舌對味道，身對觸，心對念頭或想法。所以，第六因緣是依靠第五因緣而來。

觸的象徵是一對互相擁抱的男女，代表著感官與感知對象的接觸。感官與感知對象的接觸會產生感受的經驗，也就是下一個因緣。

感受或感情。當眼、耳、鼻、舌、身、意接觸到色、聲、香、味、觸、法（思想）時，眼識就升起，其他的耳、鼻、舌、身、意各識也都升起。這個識有時是愉悅的，有時不是愉悅的，有時是中性的，稱之爲**vedana**，意即感受。

對人類而言，大多數的資訊得自於我們眼睛所見。在各種不同的感受當中，視覺的感受影響人心最深。比方說，一個年輕男子受到一位女性吸引時，他最先受到她外表的吸引，也就是來自她色身的視覺感受。因此，第七因緣——受——的代表圖是一個人的眼睛被一支箭所射穿，象徵視覺接觸以及它相對應的覺受。第八個因緣貪愛，便是因爲感受而產生的。

貪愛或欲望。覺受引發了欲望，或稱 trishna，這是人類所有痛苦的原因。當一個覺受是快樂的（比如美味的食物，或想到新戀人），貪愛就升起了，不想跟那個對象（物）分開。若覺受是不愉快的（比如一場可怕意外的景象，或來自過去的一個痛苦的念頭），心裡就亟欲擺脫那個痛苦的覺受。

就對象物而言，有六種欲望：貪愛色，貪愛聲，貪愛香，貪愛味，貪愛可觸摸物，以及貪愛心想物。

第八因緣以一個飲酒的男子所象徵。正如同人因酒而醉，而蒙蔽；同樣地，人也因欲望而蒙蔽。就像口渴不會因爲喝酒而止息，人類也不會因爲他們所渴求的東西而獲得滿足，所以他們更變本加厲地渴求感官的覺受。

執取或執著。不欲割捨某物，或亟欲斷捨某物的欲望會衍生執取或執著，它的定義就是積極地企圖抓住愉悅的，排開不愉快的事物。執著，又稱 **upadana**，是對某物的依戀。我們的欲望是想要永遠地擁有某物。但是，一切的現象都是無常的。因此，我們必然感到不滿足，感到挫折，也經驗了苦受，意即 **dukkha**。

執取的象徵是一個人從樹上摘水果。就像亞當和夏娃因爲摘了並且吃了禁果（根據創世紀第三章第六節，那禁果「悅人的耳目，且是可喜愛的，能使人有智慧。」），所以被迫離開樂園，執取便是痛苦的因。

有（或形成）。執取或執著促成「有」或「形成」的升起，也稱作 **bhava**。藉由執取，我們以身、語、意造作，創造了業。即使在我們死了之後，執著的能量持續著，驅使我們去尋找另一個身體。我們極度受到未來父母的吸引，於是就降生了，又再一次地「有」了，「形成」了。「有」的止息便是涅槃[6]。第十個因緣以一個懷孕的婦女爲象徵。

生。透過「有」的力量，只要因緣條件成熟，我們便在某一道裡重新受生。生，又稱

[6] Piyadassi, *The Buddha's Ancient Path*, 75.

jati，無可避免地導向下一個因緣，也就是老死。第十一因緣以一個臨盆的婦女作爲象徵。

老死。人類一誕生，便開始變老，最後五蘊瓦解時，就死了。老死又稱 jaramarana。健康良好不過是減緩死亡的過程。凡生終歸死。第十二因緣以一個抬屍體的人作象徵。

傳統上，十二因緣法有許多解釋。本章討論相續性的詮釋，以過去、現在、未來三世的期間，檢視十二因緣。

第一因緣無明，和第二因緣業力的形成（行），屬於過去世，代表今生所發生的事的前因業緣。第三到第十因緣（識、名與色、六入、觸、受、愛、取、有）構成今生的發展過程。第十一和十二因緣，生及老死，屬於未來世。我們今生因混亂不清的識所造作的業行，導致一個來世。最後，無明及其業力的形成使得有情眾生不斷地在生死流轉當中。這就是娑婆世界，以苦爲特徵。

將十二因緣描繪爲一種過程，在連續三世裡展開，這是傳統的解釋。事實上，這些因緣在我們日常生活的每一刻裡一直發生著，在每一個念頭的升起處。我們無需以直線性的方式來理解十二因緣。比如說，不僅無明（第一因緣）產生了任性的意志力行爲（第二因緣），任性的行爲也會強化我們的無明。而無明也會影響人類的意識（第三因緣）。其他的詮釋也顯示不同數目的因緣。比方說，在《大緣經》裡，佛陀只列舉了九個因緣。在其他的時候，佛教十因緣，略掉無明和行。❼

十二因緣不一定以「無明」爲始。舉例來說，我們可以以第十一因緣「生」開始。這些因緣是循環的現象，就像樹木的年輪一樣，表示生命的不同階段，從種子到發芽，從樹幹到果實，又再一次地生出種子，無始無終，沒有開始也沒有結束。每一個因緣同時是因，也是果。不過，就像我們方便上以種子爲一棵樹的開始，習慣上也以無明爲第一個因緣，這是方便善巧的做法。

《大乘起信論》中提到：「因無明風動，自性清淨心隨而擾動，形成波浪。」所有有情眾生都受到無明牽引，因爲他們不了解自性本空，一切現象的本質也是空的。因爲不了解，所以對有形、無形的東西就產生渴求。就是這個渴求讓我們受苦，也構成來世無盡輪迴的條件因緣。

---

❼一行禪師著，《佛陀之心：一行禪師的佛法講堂》（*The Heart of the Buddha's Teaching*），英文版第二二七頁。中文版由橡實文化發行。

我們欲求很多東西，並且執著不放。然而，所有的渴求基本上是我們五蘊的執取作用。比方說，賭徒嗜賭不是因爲賭博本身，而是因爲它帶來的興奮感。我們可以愛上某人，執著對方——比如一個新交的女朋友好了。話說回來，我們眞正執著的是我們內心所創造的這個女孩子的形象，而不是那個人本身。換句話說，這個渴求、執著、依戀正是痛苦的因，通常從五蘊內升起。

阿辛薩迦出生於印度拘薩羅王國的婆羅門家族。年輕的時候，他被送往一個極富盛名的婆羅門大師那兒去學習。阿辛薩迦聰明又用功，在眾多學子裡出類拔萃，很快地獲得老師的青睞。在老師的家裡享有諸多特權，因此引來其他同學的嫉妒。

有一天，那些學生無端指控阿辛薩迦誘拐師母，與其有染。起初，老師並不聽信他們的指控，但是等到他一而再，再而三的聽到這些指控以後，他就信了，而且發誓要報仇。但是阿辛薩迦太強壯了，他沒辦法攻擊他的身體。老師就要求他要殺害一千個人，每人取下一根手指，以報答他的教導。他說，這樣才會完成阿辛薩迦的訓練。老師想當然爾地認爲，在殺人的過程當中，阿辛薩迦一定也就被殺了。

爲了贏得老師的讚許，服從的阿辛薩迦信任他的老師，毫不質疑地離開他老師的家，準備找人來殺。他變成了一個公路殺人犯。一開始，爲了方便計數，他把受害者的手指掛在樹上。但是，後來有些手指被鳥吃掉，於是他把戰利品掛在他的脖子上，好像花環一樣。很快地，他的名聲不脛而走。他被封爲「央掘魔羅」，意思是「指花環」。

拘薩羅國王風聞他的殘酷殺人行爲，發誓要逮捕到他。當阿辛薩迦的母親聽到國王的誓言時，她便動身前往森林，想要找兒子，並且警告他國王的意圖。在那個時候，央掘魔羅已經收集了九百九十九根指頭，心裡急著想找到最後一名受害者。

佛陀知道，如果他不介入的話，央掘魔羅是這麼迫切需要贏得他老師的認可，可能連母親都要殺了。於是佛陀也動身前往森林，去尋找央掘魔羅。當央掘魔羅看到森林裡有一個女人時，他就走過去要殺她，後來發現那個女的是他的母親。同時，他也看到一個和尚走過來，於是決定要殺那個行腳僧。他很快地跑向佛陀，拔出他的劍來。

但是，很奇怪地，佛陀走得很慢，他卻趕不上。

央掘魔羅十分挫敗，最後大喊一聲：「喂，那邊的和尚，你停下來！」就這一點，佛陀回應道：「我早就停下來了。是你還不停下來。」

央掘魔羅聽不出話裡的玄機，又繼續叫道：「和尚，爲什麼你說你已停下來，我卻停不下來？」佛陀說：「我已經停止愚痴、欲望，和傷害眾生的行爲，但是你卻不能停止欲望、生氣，或殺戮。所以，停不下來的是你。」

這些話深深地打動了央掘魔羅的心，並且認為這個和尚不僅很勇敢，而且也覺悟得很深。他把劍拋開，改變了行為，加入了佛陀的僧團。

在成為佛教徒之前，央掘魔羅每天早晨醒來時，滿腦子想的便是去哪裡找人來殺？同樣地，很多人每天都重複相同的壞習慣，或者重複他們對某個人、某件事的氣憤與怨恨，或者想著用不正當的手段達到目標。我們跟央掘魔羅不是差不多嗎？

一次又一次地重複某事，這就是輪迴，無盡的痛苦之輪。當一個無明的念頭升起時，輪迴的世界就展開了。當一個無明的念頭消退時，輪迴就停止了。「娑婆輪迴」字面上是「動」的意思，而涅槃是「靜」——也就是因無明而起的欲望之火止息了。只有當無明止息了，十二因緣，亦即生死無盡的輪迴，才會止息。

征服無明，從生死輪迴解脫的人被稱為阿羅漢，梵文的意思是「摧毀仇敵」或「征服敵人」的人。在此，敵人指的是我們的無明。在中國，安奉釋迦牟尼的殿堂稱為「大雄寶殿」，是偉大英雄的殿堂。佛陀是徹底覺悟者，之所以被稱為英雄，是因為他們已經征服他們的無明怨敵。

既然所有的人類都想永遠地斷除痛苦，燃眉之急就是扯斷無明的枷鎖，恢復般若智慧。這就是為什麼研讀《般若波羅蜜多經》有這麼好的功德利益：是通往般若智的道路。

當我第一次聽聞十二因緣時，感覺上就好像發現了生與死的所有秘密寶藏。當我想到地球上聽聞此法的人何其之少時，我便感到十分慶幸，能夠有機會認識這個法。我深深地了解，能夠使我們從無盡的輪迴裡解脫的唯一法門便是征服無明，也就能獲得開悟。爲了這個緣故，我更加精進地練習禪修。龍樹菩薩說：「無明的止息發生在禪修或智慧開啓的時候。」❽執取或執著因無明而起，但是我們的執著或執取也不斷地加強我們的無明，因而強化我們的自我感，就像燃料不斷地餵養火焰一樣。在我們臨終時，執著是很嚴重的，對我們的解脫會構成很大的障礙，妨礙我們往生善道。

圓佛教的創始宗師少太山說過：

> 當一個人的精神意識離開肉體的時候，最先追尋的是它的執著，隨後就依它的業力而接受一個身體，因而繼續流轉在這個無止盡的世界裡輪迴受生。若要從這個生死流轉裡解脫出來，便是切斷一切執著，超越業力。❾

---

❽ Garfield, trans., *The Fundamental Wisdom of the Middle Path*, 78.

❾ *The Scriptures of Won-Buddhism*, 325.

圓佛教有一位教授師以前在慈善機構做事。因爲她白天都在室內工作，所以她就開始到戶外打網球，以恢復精神，改善健康。在她學會網球，打了幾個月之後，她開始眞心的喜歡這個運動。只要有空，她就去球場打網球。

有一天早上，她和朋友來到附近的山上。在越過一條溪流時，她的腳在一塊踏腳石上打滑了，重重地摔了一跤。她的頭撞在一塊岩石上，馬上失去意識。她的朋友驚慌得把她從溪流裡拖出來。她們把她放在地上，想要把她搖醒，恢復她的意識。

她在模糊狀態裡，聽到朋友的聲音，也看到自己在網球場上。當時她正坐在長椅上看一場網球賽。雖然她意識不清，她知道這場景是因爲自己對網球的執著而升起的，而這個執著對她是不好的。她下定決心離開網球場，試著要從長椅上站起來。後來她說，要從那長椅上站起來是極端困難的，好像她整個身體是用強力膠黏在那椅子上似的。正當她掙扎著要離開椅子時，她的朋友終於好不容易地喚醒了她。她現在清楚地了解，就永恆的生命而言，執著是多麼可怕的一件事。她現在是更虔誠的修行者。

放下執著是我們在日常生活中要覺察練習的課題。不然的話，我們無法在臨終的那一刻維持一顆清晰而平靜的心。

許多年前，有一位圓佛教的教授師，他的夫人罹患癌症。經過了成功的手術及醫療之後，她享受了好幾年健康的生活。可好景不長，癌細胞又復發了，蔓延到全身。復原變得很困難，而她的病情也開始惡化。起初，只要她的兒子們來醫院看她，她都會全心地歡迎他們，一邊握著他們的手，一邊聊天，並且極力表現出開心的樣子。後來醫生宣佈，復原的機會很渺茫，她於是決心放下，開始為來生作準備。在醫院裡，她不再讓兒子握她的手。她利用這個練習來放下執著。

當一棵樹被砍伐，倒下了的時候，它是往重的那一方向倒，也就是有許多樹枝的那一面。因為靈魂出體時，通常跟隨執著而去，那麼，臨終時，不執著的練習就非常重要，因為這樣做可以避免投生到下惡道。現在我們想想下面這則軼事：

圓佛教的創始宗師在禪堂對大眾開示：「你們知不知道閻羅王的王國在那兒？祂的差使又在那兒？閻羅王的王國不在別的地方，就在你們的家裡；而閻羅王的差使就是你們的家人。這是因為一般人的靈魂都糾纏在此生對家人的情愛裡，當肉體死亡時，也不會升得很遠……自古以來，佛陀及開悟的大師都強調出離而不執著的重要性，功成而身退。只有這麼做，才能避免掉入不好的命運裡。」[10]

[10] The Scriptures of Won-Buddhism, 328-329.

走進森林後，爲了拿掉蜱蟲，首先我們應該仔細地檢查我們的身體和衣服。同樣地，爲了實修不執著，首先我們應該好好地檢視我們的心，清楚地了解自己執著的是什麼？我們再思考一下狄更斯的小說《小氣財神》（我們在第六章已經討論過）。在聖誕節的前夕，史古基看到他已故夥伴的鬼魂，它生前爲了賺更多的錢，工作得過勞死。他的朋友幾乎走不動，因爲他的身體都被重重的鎖鏈纏繞，綁滿著盛裝金幣的箱子。他告訴史古基，由於貪愛金錢，所以他現在才枷鎖重重。

他朋友靈魂所處的狀態，跟我們不就一模一樣嗎？當我們以精神的角度檢視生命時，我們是不是也已套上層層鎖鏈？你認爲你的鎖鏈已經上了幾重？

不管一艘船有多大，如果用錨繫住，就無法航向大海。想要從娑婆輪迴裡解脫我們的身心，下手處便是練習不執著。

我們想以少太山的一段開示，作爲本章的結語：

> 受制於貪、嗔、痴的靈魂臨終時會受制於執著的心，因而無法來去自如。靈魂受到無明業力的覆蓋，只在心裡產生執著的地方見到光明，最後就被牽往那個地方……

另外一方面來說，已經征服貪、嗔、痴的靈魂，臨終時不會受到執著的控制，可以來去自如，可以正確無誤地見與思，可以分辨適當與不適當的處所，也不會受到業力的牽引。當它接受新身體時，一切發生得很順當，靈魂也十分沉著鎮定。同時，當它進入子宮時，它是帶著對新父母的感恩與愛而入植的。

不管一個人發了什麼願，都會在大小事裡實現，作爲自己誓願的業報。因此，靈魂在生死裡是自由的，不會在六道的生死流轉裡受到牽引，反而可以自由移動，隨意地轉著十二因緣的鎖鏈。[11]

讓我們關照我們的心，了知自己的執著所在，然後用正念修行的方式，一個一個地將它們移除。

[11] *The Scriptures of Won-Buddhism*, 340-341.

10

十二因緣的空性本質

行為造作是輪迴存在的根本，因此，智者不去造作。

——龍樹菩薩❶

無無明，亦無無明盡，乃至無老死，亦無老死盡。

十二因緣的教法開解了人類投生的過程，讓我們了解人類的處境是因因相扣，輪迴不已的。根據這個教法，人類的無明產生執取，因而導致人類生命的痛苦。當第一結，無明，也就是全人類受苦的根本原因，斷裂時，那麼第二結的業行也就消失了。第三結（意識）也隨之消失，如此推演下去。最後，第十二個連結，老與死，也斷裂了。

然而，上面《心經》的引文好像與十二因緣的教法互相抵觸。這其中看起來好像有衝突，這句經文的意思不過說，十二因緣也是空的。以究竟義而言，十二因緣是不存在的。請注意，爲了簡潔起見，上文在第一因緣無明，與第十二因緣老死之間，中間有十個因緣省略掉了。

在第三章和第四章裡，「我」的空性本質已經解釋過了：五蘊與十八界都是空的。如果五蘊是人類的構成要素，那麼十二因緣便是人類的行動。既然「我」是空的，那麼我們的行動，也就是十二因緣，不可能有實質。五蘊的空性，結果導致人類行動（也就是十二因緣）的空性本質。

既然每一個結（因緣）是另外一個結引起的，這樣說來，每一個結都是依靠因緣而起的，本自是不存在的。所有的因緣都沒有一個眞實的存在。❷不管是哪一個結，每一個因緣都只是緣起性的存在，不過是暫時性的現象而已。這些現象不停地起起滅滅，並沒有一個獨立自性存在。

佛陀成等正覺以後，很驚奇他所領悟到的：「一切眾生本具圓滿佛性，本自具足，無所欠缺。」開悟所悟的是，並無自我可摧毀。我們的自我感不過是幻想，是內心所建構出來的。既然我們本來是佛，無所欠缺，而且本來就沒有無明，那麼要去「滅無明」就無意義可言。因此，要去消滅無明的任何努力——我們稱之爲修行——變成是空的。這就是爲什麼《心經》上說：「無無明，亦無無明盡。」我們如何能消滅一個本來不存在的東西？消滅無明的預設立場是，無明是存在的。從究竟絕對的觀點來看，無明是不存在的；在覺悟者的心中，無明及滅無明兩者同時消失。

❶Garfield, trans., *The Fundamental Wisdom of the Middle Path*, 78.
❷請參閱第三章、第四章，內有更詳盡的說明。

「老死及老死盡」也是一樣。既然老與死是空性的，則此二者的滅盡也了無意義。❸慧忠禪師說：「如果塵與感受的範圍是存在的話，它們就有止盡的時候。但是正因爲它們不是眞實存在的，哪有什麼止盡的東西？『止盡』就是『死亡』。如果十二因緣是可以升起的，那麼生與死便可止盡。但是因爲因緣不生，所以生死不滅。」❹

冬日，三個和尚決定要止語禪修一星期。到了下午，一個和尚說：「這個禪堂太冷，不適合禪修。」坐在他旁邊的和尚說：「我們答應這個禮拜止語的。你怎麼說話了？」聽到這裡，第三個和尚忍不住笑了，說：「我是唯一沒有說話的。」

如果無明、老死消失了，那麼無明滅及老死滅，都是無可滅了。如果修行者的內心還有一念，說自己終於大徹大悟，超越無明與老死了，那麼，他還不算眞正的開悟。

對於覺悟者來說，十二因緣以及十二因緣的止息都不是實存的。一顆覺醒的心就像純粹的虛空是不會改變的，因爲虛空本身是不會因爲光明或黑暗而改變的。《金剛經》有言：

須菩提，於意云何？阿羅漢能作是念：我得阿羅漢道不？須菩提言：不也！世尊！何以故？實無有法，名阿羅漢。世尊！若阿羅漢作是念：我得阿羅漢道，即爲著我，人，眾生，壽者。

如果有一粒沙跑進我們的眼睛裡，整個世界看起來就模糊了。因爲我們感覺有我，所以就看不到眞理，不能如實地看世界。如果我們把一根棍子放在水裡，它看起來很扭曲。當我們把它從水裡取出，它又直了。同樣地，因爲我們有一個自我的觀念，就無法眞實地看世界。

元曉禪師說過：「一念才生，萬法皆生。一念才滅，萬法即滅。」當我們對自我的感覺消失了，十二因緣還有十二因緣的止息都消失了。

佛陀說，三界唯心。我們所居住的世界是 **manomaya**，亦即我們心的幻相❺。龍樹菩薩說：「如果你懂得你的心，你就懂得一切。」有一個佛教大師說過：「一念迷，無明生；一念覺，出生佛。」十二因緣、萬法、佛與無明眾生之別，全都在於一心。

紫柏眞可禪師說：

❸以今生的觀點而言，「老與死」可以視為「生」之後的因緣。從來世的觀點來看，「老與死」可以視為「生」之前的因緣。「生」和「老、死」就像雞與雞蛋的謎一樣——我們不知道何者為先？因此，以絕對義而言，根本沒有老與死。

❹Red Pine, *The Heart Sutra*, 114.

❺梵文 mano 的意思是「心」，而 maya 的意思是「幻相」。

一旦照見五蘊皆空，心光獨照，雲開月現。如此，生滅，垢淨，圓缺都不過是紅熱爐上的雪花。一旦你體現眞空，又何獨五蘊空？十二處，十八界，十二因緣，以及四聖諦都是龜毛兔角。冰不會自己融化；太陽出來，冰就不見了。五蘊，十八界，及十二因緣等法就像冰一樣，而般若智照就像太陽一樣。❻

《金剛經》也說：

須菩提！若有人言：如來若來若去，若坐若臥，是人不解我所說義。何以故？如來者，無所從來，亦無所去，故名如來。

由我們自我意識產生的念頭消失時，我們過去、現在、未來的生命也同時消失。

有一天，一個和尚碰到一個美女來廟裡拜拜。那時，他的精神修煉毫無進展，正覺得單身和尚的日子挺無聊的。不管他怎麼努力，就是無法忘記她。最後他不當和尚，還俗去娶她了。他變成農夫，賣莊稼過活。農夫的生活感覺很辛苦，婚姻生活也不如想像中的浪漫。在他六十歲生日的時候，妻兒爲他準備了豐盛的晚餐，吃過以後，他一個人靜靜地坐在那裡。他回頭看看這麼多年的婚姻生活，記憶中爲了養家活口而過得艱辛困苦。他覺得孤單，後悔當年草率離開僧團，放棄了開悟，以及利益眾生的機會。他的眼裡湧上了悔恨痛苦的淚水，心裡想：「我早該留下來當和尚的。我不應該離開寺院的。」他哭泣時，聽到了寺院的鐘聲。他好驚訝，立刻醒過來，發現自己只不過做了一場夢！他在佛像前的拜墊上拜佛時睡著了。他不過打了個小盹，卻已經活了快要四十年。

開悟就是醒覺的意思，從夢中醒過來。**Kyedah** 在韓文字面上是「覺醒」的意思，但通常被翻譯成「開悟」。「佛」意思是「覺醒的人」。佛教大師說我們的生命就像一場夢，因爲一般人活著都執取一個自我的幻相，以爲是眞的。一般人的生命都圍繞著一個「我」的觀念，而這個「我」就像一場夢，是幻相而已。

我們來思考一下，爲什麼我們會做夢？我們做夢，因爲我們一直有一個自我意識，也因爲我們一直根據這個自我觀念而不停地起念頭。這個自我觀念衍生種種的欲望和想法，這些東西在夢中被轉化成爲具象。當我們做夢時，這個「我」有時登上檯面，有時躲在幕後，但不管幕前幕後，一定是主角。

---

❻ Red Pine, *The Heart Sutra*, 126-127.

不管我們是晚上做夢，或白天過日常生活，只要我們起心動念或過日子都是依據自我觀念開展，那麼這些都是夢。只有在我們開悟之後，了悟自性本空，覺悟我們自我觀念是虛幻不實，是心理建構出來的，那麼我們的夢才會停止，生死輪迴也才會止息。

永嘉禪師在《證道歌》裡提到：

君不見，絕學無爲閒道人，不除妄想不求眞。
無明實性即佛性，幻化空身即法身……

夢裡明明有六趣，覺後空空無大千。

不求眞，不斷妄，了知二法空無相。
無相無空無不空，即是如來眞實相。

一般的修行人都說世界是虛妄的，所以就捨棄世界。覺悟者說，既然世間是虛幻的，那又何必離世呢？開悟之後，一切都清楚明白了。

不管你是住在金子或鐵打造的監獄，你還是在監獄裡。不管夢是甜美的或是一場噩夢，畢竟都不是眞實的。

只要我們不識得我們眞實的心，我們就無法獲得解脫。一旦我們覺醒了，般若智光才能照射，而那個由「我」打造的無形監獄方得消失。

我們每一個人都有一個夢，但是全體人類最大、最重要的目標便是從那個看不見底的夢裡醒過來，因爲那個夢持續在染黑、迷惑我們的心。

這便是通往自由之道、通往究竟解脫之道。這就是般若波羅蜜多。

11

四聖諦

我唯一教導的是，人類的苦，及滅苦的方法。

——佛陀

見到緣起法，就見到苦，也見到苦的升起，苦的熄滅，及離苦之道。

——龍樹菩薩

佛陀覺悟後初轉法輪，主題便是四聖諦。這是佛最基本的法教。

據說，佛成等正覺後，坐在菩提樹下七個星期。在一個甚深的三昧狀態裡，他清楚地看到所有的輪迴世界，人們在其中出生、受苦、死亡。他也可以看到通往滅苦、跳脫輪迴的道路。七星期結束後，他的內心完全的自由安詳。於是他走到鹿野苑，對著五比丘宣講四聖諦，當年佛陀最初和他們修極端的苦行。這就是初轉法輪，也是釋迦牟尼佛完全證悟後的第一次講法。

四聖諦是苦、集、滅、道的眞理：苦、痛苦的原因、痛苦的熄滅，還有滅苦之道。

四聖諦的梵文是 Catur Arya Satya。Catur 是「四」的意思，arya 是「卓越」或「最

優秀」之意。雖然 **satya** 通常翻譯成「諦，眞理」，比較完整的意思是「事實」或「眞實」，也就是事物的本然。所以，**arya satya** 的意思是「卓越的事實」或「凸顯出來的眞實，實相」。

四聖諦說明了一個嚴肅的事實：這個法教是這麼的簡單明瞭，連小孩都懂。其中並無過於激進或複雜的成份，但是它的意涵和實用性卻是豐富而精深的。

佛陀的法大多基於這個法教。思維這個法，我們可以把它運用到我們的生命裡實修。

在《佛遺教經》裡，佛陀說：「月可熱，日可冷，四聖諦不可變。」❶

第一聖諦：苦諦

第一聖諦說，生命是 **dukkha**，英文一向翻譯成 **suffering**（苦），但是巴利文的 **dukkha**（梵文是 duhkha）有更寬廣、更深遠的意義。它指的是不滿足、不安、不安全感，還有不圓滿。

Dukkha 不一定是某種劇痛、悲慘、不幸，好像戰亂國家裡的人，或難民營裡的人會

❶Red Pine, *The Heart Sutra*, 118.

經驗到的那些。這也不是極度的憤怒，就像有人發現配偶不忠一樣。Dukkha 可以是每天的壓力或刺激、無聊，或甚至只是一隻腳因爲禪坐而發痛了。

我們累了就休息，餓了就吃飯。受不了老闆或老婆時，我們就找新工作或離婚。換句話說，我們的人生可以是一連串對於所經驗 dukkha 的反應動作，但卻從來不是我們眞正想要的生命形態。即使我們累垮了，還是要拖著去工作。即使發現配偶不忠，很多人還是必須跟對方和平共處。世界上有幾百萬的人飢腸轆轆而沒有食物。在日常生活裡，我們還需忍受無可遁逃的 dukkha，忍耐過活。

佛陀說，苦有八種：生、老、病、死、愛別離、怨憎會、求不得，以及五蘊熾盛苦。

生苦。你聽過哪個嬰兒是微笑出生的？即使佛陀降生，他也是哭著出世的。很多婦女都說，分娩是最大的痛苦經驗。

我們所有生命中的苦都從出生那一刻開始——包括憤怒、失望、沮喪、嫉妒，及憂傷。

老苦。不管多麼權勢、聰明與成功，我們都無法避免老去。當年華逐漸逝去時，我們再也無法好好享受人生，不僅體力上、心智上，以及情感上都有不勝之態。人到晚年，就開始遭遇一些不如意的情況，比如不被重視、覺得孤獨……等等。不管在心智上、視覺上、聽力上，都覺得大不如前，而且記憶衰退，忘東忘西。這些通通無可避免，這就是苦。

病苦。我看過很多癌末病人，他們很痛。我認識一個年輕男孩，因為一場小小的發燒沒及時治療，聽力全然喪失。在落後國家，由於缺乏一些簡單醫藥，很多人死於非命。病絕對是苦。

死苦。我仍然記得，外婆過世以後，媽媽的淚水流了快半年。有一次，我看到一個女士在她已故丈夫的喪禮呼天搶地。她抱著棺材哭道：「爲什麼？爲什麼？上帝呀，爲什麼是我的丈夫？」她的先生就在從基督學院畢業的前兩天，被車子撞死了！

有些人的死法非常痛苦。死亡以前所經歷的不定性、恐懼和焦慮，這些都是苦。

佛陀說：「有些人胎死腹中，有些人一出生就死了，有些人還在學爬行，或學走路的時候就夭折了，或老或少，都可能死去。每一個人的消失就像果熟落地一樣。」

愛別離苦。我們也許會認爲，最大的痛便是與所愛的人分開，但是我們所愛的對象不一定是人。喪失美麗的容顏、名聲，或者工作，都會是苦。我想起一個故事。有一個女人離婚後，特別熱衷整形手術。她認爲，先生之所以有外遇，一定是她魅力不再。儘管動了很多次手術，她都沒辦法如預期般的美艷。後來，她求之於心理諮商，最後被送到精神病院。

無論我們如何珍惜一件東西，最後還是會失去它。你現在回想一下，什麼是你最寶貝的？無常是一切事物的本質。

怨憎會苦。有一些事物我們不喜歡，卻需要天天或每週碰頭。這些討厭的可能是家人、某種怪味，或我們的工作。

即便是厭惡我們的工作，而且被搞得疲累不堪，每天早上還是不得不去上班。就算討厭我們的室友，在很多情況之下，依然要跟對方共處一室。

很多情境的存在讓我們痛苦，但是我們卻無可脫逃。

求不得苦。我媽媽六十出頭歲時罹患結腸癌。儘管多方嘗試，從嚴格的飲食控制、運動、祈禱、到禪修，她就是好不起來。癌細胞還是蔓延到她所有的內臟。再有的是，有些人很賣力的工作，卻仍然入不敷出。相反地，很多發達的人雖然錢多多，還是不滿足。無法獲得我們想要的，這是苦。我們可以這樣理解這個觀念：失業啦、長相不好啦、健康不佳啦、缺錢啦、名聲掃地等等。這是生命的本質。

五蘊熾盛苦。佛說，世界失火了。人心也著火了。不可遏抑的嫉妒、生氣、內心衝突、記憶不好、悔恨交加，我們因這些失控的情緒而受苦。就像飛蛾撲火一般，我們人類也因爲身心方面的欲望而葬送了自由與幸福。

這八苦是以個人的層面描繪。若以全球的層次來講，苦的事更是無窮無盡：幾兆幾兆的錢投在戰事上，幾百萬的孩子死了，因爲他們得不到乾淨的水或簡單的醫藥。這個苦難的清單是列舉不完的。佛說過，如果把人類哭過的淚水收集起來，可以塡滿汪洋大海。

爲什麼佛要這麼鉅細靡遺地列說各種不同的苦呢？他的目的是要我們相信，我們生命中受苦的眞相是無可避免，躲不掉的。苦是我們的世界本自具有的部份。全人類共同的連結就是苦。每一個國家，每一個文明普世的質素，便是苦。其實，我們都住在一個共同的國度，稱作痛苦共和國。

不過話說回來，在生命裡，我們也有愉悅與享樂的時候。爲什麼佛說生命是苦呢？因爲一切都是短暫的。美麗的花會凋謝，烏黑的髮會泛白。賞心悅目的事物終將消退。這就是爲什麼佛陀說：「無常的便是苦。」❷即使一切看起來很圓滿，從外在環境來的快樂——也就是緣起的快樂——畢竟是不牢靠、脆弱而易逝的。只有在童話故事裡，人才會永遠快樂地活著。

我認識一個人，他精神有病，卻不認爲需要協助，也不去醫院接受治療，所以就一直經歷同樣的症狀。如果我們不能正視生命，如果我們不能認清這個嚴肅的實相，那麼我們就會糾結在我們的問題裡，不願意投入必要的時間與精力從苦之中解脫出來。

受苦並不神聖，但是我們能認清苦的事實，卻是神聖的。能夠看清便有解決的辦法了。在韓國，家人如果患病，通常是其他成員先被告知壞消息，然後再轉達給病人。我母親因爲罹患結腸癌，開始覺得不舒服。我們比她先知道原因，所以我們當中得有人告訴她：「媽，你得癌症了。」我們家人誰都不願意扮演那個角色。身爲一個教授師，我坦誠地轉告母親醫生的話。我的話沒有粉飾，媽媽很感激，因爲我讓她有機會準備來生。我也很感恩佛陀對於苦諦直截了當的談論，因爲那是不可避免的。他清清楚楚的開導這個實相，我們也可以直接地面對生命，因而重新引導我們的心，解脫輪迴。

要解脫輪迴，就要接受第一聖諦：人生是苦。這是我們要付的代價。正如眼睛無法自見，我們很容易忘了這個嚴肅的眞理，雖然它很簡單，顯而易見，但是很容易被忽視。即使聽過苦諦，我們也不是很當眞。我們不要像鴕鳥把頭藏在沙裡，反而要勇敢而直接地面對這個眞理。

遇到不幸時，不要說：「爲什麼倒楣的是我？」並不是只有我們在受苦。事實上，不管境遇如何，每個人都吃過苦頭。我認識一個人，他的女兒有一點心智不足。當這位婦女初次發現這個事實時，她簡直難以接受，十分痛苦。她遍訪名醫，試盡各種方法來改善女兒的病情，卻是效果不彰。一旦她接受了女兒的病情，內心卻恢復了平靜。後來，因爲她心境穩定而平和，女兒的病情反而開始改善。

我小學二年級時，有幾個護士到班上接種疫苗，預防流行性感冒。看到注射器時，有幾位同學離開教室，他們怕打針會很痛。我知道，即使離開了，他們之後還是要打針的。我平靜地接受那個境，挨了一針，卻發現沒有原先所怕的那麼痛。

❷ *Yad aniccam tam dukkam.* Rahul, *What the Buddha Taught*, 25.

讓我們如實地接受生命。很多時候，我們對一個困難處境的詮釋會引起不必要的苦。比如說，打坐時腿痛了，我們對於那個痛不必要的抗拒反而讓我們更苦痛，而那個痛源自於我們的詮釋、預期及期待。如果我們只是放鬆，沒有抗拒，如實地觀察那個痛，我們會發現，疼痛將逐漸消失。我們可以用全然不同的方式對待那個痛，結果苦就平息了。

有一個年長的圓佛教修行者壽終正寢時，因爲內心有很多執著及對死亡的恐懼而很不安。她還不想死。她的苦惱使整個情況變得相當惡化，她的家人不知如何是好？兒子安慰的話語對她不起作用。最後她的丈夫只好請求圓佛教一個備受尊敬的教授師來看她。教授師一到，就非常平靜地告訴她：「李太太，時間到了，該離開了。」這些簡單的話語完全改變了李太太的看法，幫助她平靜地接受整個情況。

在圓佛教的經典裡，少太山大師談到接受的智慧：

創始宗師開示「安貧樂道」的意義：一般說來，貧是指某種不足。如果某人相貌有欠缺，那是臉的貧。如果某人的學問有欠缺，那是學問的貧乏。如果某人財產有欠缺，那是物質資產的貧乏。

俗語說：「安於你的那一份。」意思是不管在哪一方面你得到多少，都要自在。如果你不滿於現有的貧窮，不可理喻地抗爭，企圖避開它，那麼你就變得越焦慮，徒增苦痛。如果貧窮不可免，那就安之若素，歡歡喜喜地準備來日的智慧和功德。

爲什麼一個安貧的修行者能夠樂道？我們知道，不管現在受何等貧困，吃多少苦頭，將來都能轉化爲功德與福報。進一步來說，我們的心智貧賤不能屈，沒有岔離修道的主題；而依靠我們修行的功德力，能超越苦與樂，進入眞如法界——這些都能帶給我們欣慰。自古以來，古聖先賢都了解這個原則，而且把這樣的修行境界運用到日常生活當中，所以即使一貧如洗，依然歡喜樂道，這樣的生活無人能出其右。❸

有很多情況我們無法改變，但是只要了解苦諦，也就是生命當中無可避免的不滿足層面，那麼，我們就可以改變我們的觀點了，我們也可以用截然不同的方式來因應困境。如果我們可以清楚地領悟第一聖諦（苦諦），我們便可以在日常生活裡體驗到涅槃的境界。

❸ *The Scriptures of Won-Buddhism*, 210-211.

雖然我母親罹患癌症（醫生說她活不過六個月），她盡情地享受餘日，直到生命終了——後來她又多活了七年。

道元禪師在《正法眼藏》裡說過：

如果你當處即是，修行就開始了，體現了根本之道。如果你當下找到了自己的道，修行就開始了，也體現了根本之道。「處」與「道」非大非小；不是你的，也不是他人的。「處」與「道」不是從過去而來，也不是現在才升起的。

認識佛教，或對佛教表現興趣的人，都會覺得佛法新鮮，具有普世性，而且通情達理。不過，爲了實踐這些教法，落實佛法，就必須有一些修行的動機。「痛苦」一向扮演著重要的角色，可以把有些人轉變成偉大的修行者。舉例來說，在二十世紀時有一個法官，當時韓國還在日本的統治之下。有一名韓國人爲了爭取韓國獨立而抗爭，這位法官卻把他判死刑了。過後不久，他相當自責，便出家當和尚了。他的懊悔是一個推動力，促使他痛下決心，用功修行。之後，他變成現代韓國禪宗的第一代祖師。

對很多人來說，佛教只是一門知識，促使他們從這知性的層面移到實修的層次，動力通常是透過受苦。很多人要等生命跌到谷底，痛不可扼時，才肯開始實修。到那時，許多人才會開始嚴肅地反省人生。就像開在淤泥裡的蓮花一樣，人們因爲苦而覺醒，而入道。當我們保持覺知而警醒時，痛苦可以轉化成福佑，幫助我們踏上成熟，精神上得到進步。很多時候，痛苦讓我們反省，幫助我們了解生命中最重要的是什麼？這層領悟讓我們重新引導我們的生命，步上精神靈性的道路。

第二聖諦：集諦（苦因）

人們討厭痛苦卻喜歡它的因。——俗諺

第二聖諦，集諦，自然是跟著第一聖諦而來；如果有痛苦，那必定有痛苦的原因。佛說，痛苦的因是「執取」或「渴求」。

> 這是苦因的聖諦。就是這個渴求導致了輪迴的存在。這樣的存在充滿了歡愉和欲望，到處尋歡作樂，渴求感官的享受，渴求存在，也渴求不存在。❹

❹ Bhikkhu Bodhi, *The Noble Eightfold Path*, 25.

巴利文tanha，佛陀的意思是苦因，通常翻譯成「執取」「渴求」或「執著」。Tanha字面上的意思是「渴」。就像我們的身體需要水時，我們就覺得渴；人們也渴求金錢、權利、性、知識、他人的賞識與肯定等。Tanha或「渴」就是驅動力、執取、衝動、執著，或渴求的意思。由這個渴求，各種形式的苦就升起來了。佛說：「世間有所欠缺而欲望充滿，做了『渴求』的奴隸。」渴求存在，渴求成爲什麼，就像我們在第九章討論過的，只要這個渴求存在，生死輪迴就不斷。要切斷輪迴就要切斷這個驅動力，透過智慧斷除渴求，而此智慧需得在我們見到究極實相後方能獲得。

在日常生活裡，我們受苦時就怨東怨西，缺錢啦，健康不好啦，或者人際關係緊張啦……等等。財務狀況吃緊可能會讓我們吃苦，但是世界上有很多人很窮，卻活得很快樂。有很多有錢人過得日子既悲慘又壓力大。據說，大多數已開發的國家，自殺率比開發中的國家高，市場上抗憂鬱藥的需求量也很大。

我記得一個朋友，他開始掉頭髮時就變得很沮喪；相對另一個朋友，他根本不在意自己的禿頭，特別在婚後也一樣。

物質的東西、相貌、學術上的成就，諸如此類的，都不是最終的苦因。根本的原因只有一個：執著，抓取不放。就像一棵樹有一條根，許多樹枝；痛苦也是有一個主因，很多症狀。

人們執著物質的東西（一部新車、珠寶、特別愛的鞋子），人（孩子或配偶），也渴求感官的享樂。人也會執著無形的東西，比如聲名、地位、他人的肯定，同時也堅持一些看法和意見，譬如保守或自由的意識形態。當蘇聯解體時，有一些參加學運的韓國大學生感到失望、沮喪，因爲當時他們的意識形態根植於社會主義。今天、昨天也一樣，執著不同的宗教理念與信仰在世界上引起許多衝突。我們的執著有時很明顯，有時相當細微。

我想起一個故事，剛好可以闡釋這種情結。有一個窮人靠著以河邊的蘆葦編織籃子營生。有一天他得到三枚金幣，因爲一個富人對他心情愉悅、樂觀而留下好印象。這個窮人從來沒拿過這麼大筆錢。他開始擔心起來，不知要把錢藏在那裡？怎麼花？他變得焦慮而憂心忡忡，晚上睡不好覺，也沒辦法快樂得唱歌了。後來他把錢給一個更不幸的朋友以後，終於又可以好好的睡覺了。

佛法就是這麼簡單。我們越執著就越痛苦。我們渴求的程度有多深，痛苦就有多大。

大峰是佛教徒，在美國就讀心理學。一天，他問韓國禪師崇山（Seung Sahn）：「從佛教的觀點來說，瘋與不瘋的差別在那裡？」禪師回答：「如果你很執著，你就瘋得很嚴重；如果你輕微的執著，你就輕微的發瘋；如果你不執著，你就算神志很清醒。」大峰心裡想：「這個禪師的回答勝於我十年研讀心理學。我應該拜他為師。」大峰後來出家習禪，成為崇山禪師的弟子。

抓取不放的心態衍生了挫折、侵略性，以及絕望。只要有執著就有痛苦。

有一次佛陀被問道：「為什麼有些人解脫了，有些人沒有？」佛回答：「只要有人執著感官所感知的對象，就得不到解脫；只要有人不執著了，就解脫了。」❺

很多住在海邊的韓國小孩抓螃蟹。他們用鐵絲叉進魚頭或魚尾，再把鐵絲彎曲成U字形，然後就把這個魚餌放在沙灘上的岩石間。隔一天，他們再從岩石間把鐵絲拉出來時，就會看到螃蟹掛在鐵絲上，爪子牢牢地抓著魚不放。只要螃蟹肯鬆開爪子，牠們就可以掉到水裡逃生了。但那些螃蟹的爪子不肯鬆開，所以就被孩子抓了去。

九年級結束時，我們全班為畢業紀念冊拍團體照。攝影師洗出底片，展示照片時，我發現我的照片拍得不好。我覺得丟臉，心裡很難過，並且認為這個事改變不了，很多女孩子看到照片後一定會議論紛紛。我想要再照一張。我打給攝影師很多次電話，但是他都不接。整個星期我都很沮喪。等著收到畢業紀念冊，裡面有我難看的照片。但是後來我發現，根本沒有人在乎我在紀念冊裡照片的好壞。

從微不足道到嚴重的執著，貪執摧毀了我們的幸福，侷限了我們的自由，讓我們的生命不再豐富。佛陀把人類的生命描繪得淋漓盡致：「人們討厭痛苦，卻喜歡痛苦的因。」

有一個弟子請示佛陀：「一言以蔽之，您的法教是什麼？」佛開示：「不論是什麼，都不要執著。」

在日常生活裡，我們可以也應該熱愛、並且照顧很多事物，比如孩子、事業等，但是我們不應該產生執著。我們執著多少，痛苦就有多深。

第三聖諦：滅諦（痛苦的止息）

不論在船上漂流過人生，或是騎在馬上攀登生命的晚年，每一天都是一段旅程，每一段路程都是回家。

——松尾芭蕉❻

❺Catherine, *Focused and Fearless*, 13.

❻馬克．尼波（Mark Nepo）著，《每一天的覺醒：三六五篇日常生活的冥想與頓悟》（*The Book of Awakening*），英文版第一四三頁。中文版由木馬文化發行。

第一聖諦：人生是苦。第二聖諦：苦有苦因，在於執著或執取。第三聖諦：苦的止息（nirodha）。只要移除苦因，苦就止息。

我們可以透過經常性的禪修來加持、平靜、專注我們的心，因而減少我們的執著，化乖戾的心為祥和。禪修顯露我們的眞性，本性之光得以照耀。

禪修的好處很多。如果你經常禪修，誠摯而投入，你會發現，對很多事物，你變得不那麼執著了，而且這一切的發生是如此的自然、不費勁。

有一個中國將軍喜歡在僻靜處喝綠茶。他特別鍾愛一個瓷杯，那是人家送的禮物。有一天他在倒茶的時候，差一點將茶杯從桌上摔下來。雖然世界上沒有什麼嚇得了他，當時他的心嚇住了，冰凍一般。他手裡拿著瓷杯，心裡想道：「我出入無數場戰役，也都沒有這麼驚嚇過，到底是什麼讓我的心如此地狂奔？」左思右想以後，他把茶杯摔破。如果你想打破執著的鎖鏈，禪修是很重要的，不過，在日常生活裡練習正念也是一樣重要。我們下定決心放下執著，這就像將軍丟棄他珍愛的杯子一樣。

為了訓練捨心，西藏佛教大師邱陽創巴（Chögyam Trungpa）故意把他的住所弄得有一點不方便。比如說，他會把電視遙控器放得遠一點。同樣地，許多天主教和佛教的僧侶剃光頭，為了對容貌練習捨心。

一艘遠航的船首先得拉上錨；爲了要證得佛性，我們先得放下執著。這是基本功。就佛的例子而言，大捨之後方有大悟。

讓我們想想自己的手銬腳鐐有多少？讓我們想想自己的執著有哪些？怎麼樣從中掙脫出來？

看看這則故事：

圓佛教的創始宗師說：「經常是這樣子的，人們的大過始於小過。因此，你要偶爾檢視自己的行爲。即使發現一個微細的過錯，一刻也不要延遲，要立即努力地改正過來。

「南方有一種叫做猩猩的動物，這種動物很強壯，加上行動敏捷，人類很難光靠力量捕捉到牠們。但是，據說這些動物喜歡喝酒，所以，人們就放一大碗酒在路旁，猩猩走過的時候就會看到。起初，猩猩看了，笑一下就走開，可是又繞回來喝一點，又走開，再回來喝多一點，如此反覆了幾次，到最後不知不覺就把酒喝完了。後來牠就醉得失去知覺了，人類就趁機出來抓了牠。那隻動物原先只想淺嚐一口酒，誰知最後全喝完？終於惹來殺身之禍，或者被活活捕捉。

「人類也是一樣。如果小過不斷累積，沒有一開始就糾正，最後就會犯下大過，毀了自己的未來。對於這一點，我們怎麼可以不小心呢？」❼

既然痛苦的原因是執取或渴求，當這個苦因移除了，痛苦也就消失了。這是涅槃、解放或解脫。所以，涅槃也叫做「滅渴」。佛說：「就是完全止息那個乾『渴』，放棄它、斷絕它、遠離它。」❽

也許有人會問，那執取或執著的源頭是什麼？正如樹從土地裡長出來，我們的執取，或執著來自我們的自我意識，或自我。佈道家葛培理（Billy Graham）曾經說過，「罪、自尊、撒旦」這些字眼的核心都有一個「我」。我們所有問題的核心總有一個「我」。

既然實現我們的眞我（其實就是無我）可以引領我們看到欲望、執著、執取、散亂的雜思是無根無據的，那麼開悟便可通向痛苦的熄滅。如果欲望和執取就像雜草，沒有土壤時，如何能生長？因此，一切痛苦的根本解決之道便是開悟。正如《心經》所言：「觀自在菩薩，行深般若波羅蜜多時，照見五蘊皆空，度一切苦厄。」

既然涅槃（痛苦的止息）可以經由開悟而獲得，那麼開悟就是涅槃；涅槃就是開悟。

佛陀指示，執取是苦因，可分爲兩類：

執取存在。這個存在體可以是一個人、一個物質的東西，或者是一個觀念。我們總有想要永遠擁有什麼的欲望，或割捨不開的欲望；這樣的欲望就是執取存在。

一個例子就是，與所鍾愛者永遠生活在一起的欲望。記得在電視上看過一個節目，裡面有一個婦女對她的狗很執著，即使那隻狗死了，仍然把她愛犬的屍體放在臥室裡很長一段時間。另外有人可能執著自己年輕的容貌，還有人也許執著一份工作，或一段關係，想要永遠擁有。這些都是我們經常執取不放的感情。

執取不存在。這是另一種欲望，想要推開一個東西、一個人，或某個經驗。我們也許想要推開敵人、配偶、小氣老闆、一種痛、一個惱人的聲音、某種恐懼、焦慮、廚房裡的骯髒，或禪修時不安的情緒。總之，我們想要移除的各式各樣，不一而足。

不管是執取存在或執取不存在，這個執取或渴求就是一種欲望，希望事物應該有所改變，因爲我們永遠不滿足於事物如實的存在樣貌。這些執取源自於我們的心態，以爲萬

❼ *The Scriptures of Won-Buddhism*, 212.

❽ Rahul, *What the Buddha Taught*, 36.

事就該如我們的願。

比如，我該變得更有錢、更受歡迎、更健康、更苗條。我的配偶應該變得更浪漫、更有才華、更出人頭地。我的父母應該變得更富有、更善解人意。我的孩子應該變得更聰明、更尊敬長上。我的禪修應該更深入。我打坐的蒲團應該高一點、舒服一點。

想要「變得❾」怎樣的欲望或執著正是不滿足、不滿意的根源，這就是苦。

這個「應該／變得」可以有許多形式，但是不管它用什麼姿態出現，總是帶來了不滿意，一切一切都令人難以滿足。我們的人生標誌著「應該／變得」，就此被套牢了。

我們都住在一個無形的監獄裡。我們的心受制於這個「應該／變得」的態度上，意味著我們沒有充分地活在當下、享受當下，反而寄望我們的幸福或滿足感於一個遙遠、根本到不了的未來。

有個男人收到朋友送的一瓶高級洋酒，慶祝訂婚之喜。在他訂婚時，心裡很想打開那瓶酒，但又想著：「這樣的場合喝這種好酒，浪費了點。我還是留著等更好的機緣來喝吧！」之後等他結婚時，想法還是一樣。他的第一胎嬰兒出生時，仍然捨不得開那瓶酒，只想留著等一個更特別的場合。後來，他們終於在他的喪禮上打開了那瓶酒。

想要活得自在，或活得豐富，就要活在當下，忠實於當下。如果我們失去此刻當下，我們就失去人生。我們不需要、也不應該，把生命的享受延到週末，或等到工作做完了，或等到問題都解決了。如果我們失去此刻當下，我們就失去生命的豐富。生命是由一連串的當下所構成的。

演奏一首曲調並不是爲了傾聽曲子的終了。重要的是演奏本身。如果音樂只是爲了曲終，那麼應該是奏得越快越好。猶如交響樂的每一個律動一般，我們也應該學著享受生命裡的每一刻、每一個面向。

這並不是說，我們應該不顧未來的耽溺在感官的享樂裡。感官享受跟我們的肉體息息相關，而肉體卻不停地在敗壞當中。肉體有過去、現在、未來，不像我們的本性是不生不滅的。念頭如同鏡中的影像，來來去去、變化不已。但鏡子本身就像我們的本性，始終如一。活在當下意思是活在本性裡。

有一個弟子請示佛陀：「通往涅槃之道是什麼？」佛回答：「通往涅槃之道是當下的覺醒。」

道元禪師說得很深入淺出：「坐即悟；悟即坐。」

❾請參閱第九章以了解，最終而言，「成為什麼」（becoming，梵文 bhava）是輪迴的因。

一位美國婦女去越南參加一行禪師的禪修閉關。跟其他的學員一樣，她做了很多的禪行和禪坐。有一天，她從佛殿出來時，發現鞋子不見了，但是當時須得參加團體禪行。因爲寺院坐落在鄉村，所以她沒有時間去買另一雙鞋子。她決定赤腳走路。當她走在草原上時，眞的很享受腳下那種柔軟、濕潤的感覺。那個經驗實在新鮮有趣。

當他們團體到達車站時，一個越南老婦和孫子站在那裡。她指著她的腳，說：「你的鞋呢？」美國女人無法用越文與老婦交談，所以她只是聳聳肩。團隊中一位越南和尚解釋了事情的經過。老婦跟她的孫子說：「你爲什麼不把你的鞋子給她？我今天可以到市場買雙新鞋給你。」男孩把他的鞋子送給了美國女人，她從車站起就開始穿這雙鞋子走路。

不管在任何情況都能享受當下，不管境遇如何都能保持快樂和滿足，這是我們與生俱來的權利。我們如果能將自己轉回當下，我們可以享受生命中的每一面向。這就是開悟，這就是覺醒。

涅槃或開悟並不一定是某種需要長時間修煉後才能達到的境界或目標。開悟是隨時隨刻的經驗，只要我們完全醒覺就會發生的經驗。把我們的注意力帶回當下、忠實地活在當下，我們就可以在日常生活裡體會開悟的經驗。

我曾經聽過一個男人因爲幾個晚上失眠，壓力太大而崩潰的事。他最近新創了事業，忙得抽不開身。朋友聽說他要住院治療好幾個禮拜後都很擔心。他們去醫院看他，心想他一定很焦慮，卻很意外聽到病房裡傳出大量的笑聲。他們發現他跟妻子、小孩，幾個親戚在一塊兒，形容非常歡樂。他們問他，不擔心事業了嗎？他回答：「如果我沒有生病住院，怎麼會有這麼多時間和家人相處？我很抱歉沒有多花時間跟所愛的人在一起，所以這段時間對我是很珍貴的。」

好比這個男病人，或那個沒鞋子穿而要禪行的女人，當我們回到當下，全然地投入在此時此刻，我們便可以隨遇而安，什麼境界來我們都能安住涅槃，化逆境爲順緣。

生命是一趟旅程、一個過程。像爬山一樣，每一個腳步都算數，過程中的每一刻都値得欣賞。不必要急著衝上山頂看好景，反正很多時候，白雲也會遮障視野，讓我們看不到山峰。

爬山本身就是旅程，爬山本身就是目標。有一位禪師說：「每一天都是一個旅程，旅程本身就是回家。」同樣地，雲門禪師觸及了宇宙眞理的神秘。他說：「日日是好日。」

如果我們知曉現前一刻的眞諦、知道它意義重大，那麼我們的生命就自在許多、豐富許多。

很多時候，我們拒絕接受生命的起起伏伏。我們死死地守著一成不變的觀念，認爲這個事情應該這樣，那個事情應該那樣，不斷地將我們的生命綁得死死的。這樣「挑三揀四」的毛病褫奪了我們的自由；也由於這樣的態度，我們自由的範圍越來越縮小了。這個「挑三揀四」的態度套牢了我們，變成了我們解脫的障礙。

禪宗第三祖僧璨曾經寫過：

至道無難，唯嫌揀擇。但莫憎愛，洞然明白。
毫釐有差，天地懸隔。欲得現前，莫存順逆。違順相爭，是爲心病。

若情勢不可改，抗爭無益。「無爭」的意思不是消極地接受事物，或不做任何改善現況的動作。「無爭」意爲打破二元對立的思想，把我們從既定的想法或期待裡釋放出來，回到現實。

有很多情況是難以如實接受的，我們可以努力改善它們。可是，在達成最終目標以前，我們可以學習享受每個當下。這是活在現實的方法，也是享受當下的方法。

牛在原野上吃草時，它不會一直想：「上等的草在哪兒？」它只是很自然地吃草，就像草也很自然地生長著。牛就像風一樣，自由地生活著。生活之道，在道家稱之爲「無爲」。道家教我們要「像草生長在草原一樣地生活著」。孩子們就是這樣活著的。小孩子可以哭鬧著要東西，但是一會兒之後，他們又可以笑了。

耶穌說：

> 我實在告訴你們，除非你們回轉，變成像小孩子一樣，你們絕不能成爲天國的子民。
>
> ——〈馬太福音18：3〉

小孩子活在當下；他們總是忠實於當下。一刻一刻地活就是全然地活在當下，這就是永恆了。這是通往究竟自由之道，也是我們修行所在。我們生命所有的神秘及豐盛就存在此刻當下。

我們練習禪坐時，如何處理雜念呢？對於未來的願景、過去的回憶，如旋風般地湧上，我們如何能保持安詳自在呢？過去是什麼？不過一個想法罷了。只有存在記憶中。就只是一個念頭而已。那麼，未來又是什麼呢？也是一個想法，只存在我們的心裡，永遠不會到來。禪坐時雜思自心中升起時，只要把注意力帶回我們的呼吸上，或身體的感受上，這樣能避免雜念紛飛，讓我們的心穩住。**念頭不是實相**。念頭唯心所造。把覺知拉回呼吸或身體感受上，就是回到現實的方法。這個技巧加持我們的心，使其恢復平靜。

我們可以在日常生活當中運用這個技巧。如果我們清楚了解當下的重要性，那麼我們就可以運用這個佛法到我們生命的所有面向。要是丟了差事，我們無需沮喪或自怨自艾，反而把它當作是一個大好良機，讓我們反省，或修行，以準備迎接更偉大的事情。當我們一個人在家，也不要覺得孤單，反而要利用那個時間來練習禪修或研讀佛法。當孩子或妻子回家時，不要抱怨聲音太吵，無法禪修，我們要把這個情況當作是修福報的機緣，可以幫忙他們，或藉此修不執著或忍辱的法。就我個人而言，要是背痛，不能禪修時，我就把時間用來讀書、服務他人，或個人的健身事宜。

就如同油本在芝麻裡、奶油本在牛奶中，快樂與滿足也本在我們的生命裡。如果我們知曉此刻當下的密藏，而且能夠全然醒覺，我們就能夠在任何情況裡得到快樂與滿足。我們無時無處都能體現涅槃。快樂是我們的選擇。

每天早上瑞巖師彥禪師都會對自己大吼：「主人公！」然後就自己回答：「在！」之後又大叫一聲：「徹底清醒！徹底清醒！」然後他又會回答：「是！是！」「他時異日，

不要受到欺瞞。」「不會！不會！」[10]

因緣所生法，我説即是空。亦是爲假名，亦是中道義。

——龍樹菩薩[11]

第四聖諦：道

第四聖諦是道諦（**marga**），通向滅苦之道。此道亦稱爲「中道」，避開兩極之謂：一端是透過感官的沉溺來追求快樂；另一端是透過自我禁慾或極端之苦行來追求快樂。這條道路既非自我沉溺，也非克己之苦行，所以稱爲「中道」。

悉達多太子，後來成爲釋迦牟尼佛，生於西元前六世紀。他本是迦毘羅衛城的王子，位於現今尼泊爾內。年輕王子的生活無憂無慮，富於感官的享樂。他的成長被重重保護著，不知苦是人類情境的一環。後來他出皇宮一遊時，看到人們所承受的艱難狀況，也深刻地感受到苦的必然性，這一切讓他的觀點隨之一變。二十九歲時，他離開王宮去尋

---

⑩ Yamada, trans., *Gateless Gate*, 62.

⑪ Garfield, trans., *The Fundamental Wisdom of the Middle Path*, 69.

找眞理。他嚴苛地修煉種種苦行，最後瘦骨如柴，連生命都垂危了。然而，這些修煉都沒有辦法帶來無上的證悟。他的結論是：極端的苦行並非解脫之道。

不久之後，悉達多太子有兩種經驗，幫他找到了修行法門。第一是他自然而然憶起了孩提時代的經驗。那時他沒有受到種種肉體欲望所包圍，只是很自然自在地活著，內心卻是平靜安詳。第二個經驗是他碰巧聽到附近一個彈奏西塔琴的音樂家教導他的學生：「如果琴弦太緊了，彈的時候會撥斷；太鬆了，彈不出來。音要和諧就要不偏不倚，選擇中道。」

悉達多太子想道：「也許選擇中道最能達到開悟。」他這樣想時，剛好一個農村女孩經過，供養他一點米漿。他接受供養。色身得到滋養後，他退居現稱菩提迦耶的鄉村，坐在一棵菩提樹下，心裡下定很大的決心，發誓說：「肉可毀、骨可崩，除非成等正覺，我終不離此座。」進入甚深三昧，克服種種誘惑（身體的、心靈以及情感的）和障礙之後，他終於獲得無上的開悟，隨後以釋迦牟尼之名著稱，意思是釋迦族的聖者。

佛陀依中道而成等正覺，是折中兩極的作法：感官沉溺與禁欲苦行。我們也應該反思一下，我們的修行有沒有達到平衡？是否我們盲修瞎煉，沒有佛法的基礎和指導？或者我們光說不練，佛法也讀了，也討論了，就是沒有實修？

究竟**中道**在我們的修行裡特殊的意涵是什麼？如何在日常生活裡面實現？

佛陀開示第四聖諦中道時，明示了八種修行法門，以開創人生幸福、消弭痛苦。這就是爲什麼第四聖諦也稱作「八正道」。

《城鎮經》裡提到：

同樣地，我看到了一條古徑，一條古道，古時正確的自我覺悟者所踏過的。而古時正確的自我覺悟者所踏過的那條古徑，那條古道是什麼呢？就是這個八正道：正見、正思維、正語、正業、正命、正精進、正念、正定……我遵循那條道路。遵循那條道路以後，我直接地認識到老與死，直接認識到老死的源起，直接認識到老死的止息，直接認識到止息老死之道……直接認識以後，我把它揭露給和尚、尼眾、男居士、女居士。

八正道包含：

一、正見或正解（Samyak Drishti）

二、正思維或正意向（Samyak Samkalpa）
三、正語（Samyak Vaca）
四、正業或正行（Samyak Kammamta）
五、正命（Samyak Ajiva）
六、正精進或正精勤（Samyak Vayama）
七、正定（Samyak Samadhi）
八、正念或正覺（Samyak Smriti）

這條道路的每一個步驟，第一個字都是梵文 **samyak**，通常都翻譯成「正」，但其實有更廣的含義：健全、健康、完全、善巧的和適當的。在這裡，雖然保持傳統對 **samyak** 的譯法，重要的是要注意「正」並非「錯」的相反義。「正」的意思是兩極之間的中道義。

就內容而言，八正道可分爲三類：

一、智慧或般若：正見和正思維。
二、道德行爲或戒：正語、正業、正命。

三、禪定或三昧：正精進、正定與正念。

這三類稱爲「三學」，是佛教三種基本的修煉，可以開啓我們的心、智，最後導向開悟。三學的要素環環相扣，相輔相成，猶如鼎之三足；缺乏一足，餘二足亦難立。少太山大師強調三學的相依性，並且引用乾草叉上三個叉子的比喻：

> 經文裡的三學以不同的名相分別解釋，但以實際的修學來說，三學是緊密相連的……爲了培養精神上的安定，學習事相與原理，揀擇正確的行爲，都是不可或缺的輔助。爲了修學事相與原理，就必須伴以精神安定的培養，與揀擇正確的行爲。爲了修學正確行爲的揀擇，就必須伴以精神安定的培養，和學習事相與原理。因此，我們同時修習三學的目的是要整合力量，以在學習上突飛猛進。在寺院學習，爲了避免更辛苦的訓練，就研究上做不同意見的交換，這樣的設計是爲了增進不可或缺的理解力，以獲得大智慧。[12]

---

[12] *The Scriptures of Won-Buddhism*, 113-114.

禪定或精神培養（三昧）好像地上除草，以便培養作物。磨光我們的智慧（般若）就好像播種一般。道德的行爲（戒）就像澆水滋養植物，以期能結果，好讓我們收成一樣。

三學（或八正道）並不教導行者以次第性來修學。它們緊密相關，每一個都是其他兩個的基礎。就像美國受到陸海空三軍的捍衛，我們的心也是受到三學的保護與培育。

三學是我們的淨心（三昧）之道，同時也能光亮我們的心（般若）、善用我們的心（戒）。三學（或八正道）是我們心恢復其本性的要道。看起來好像有八條個別的道路，但實際只有一條，具有八種成份而已。這就是爲什麼四聖諦稱作八（層）道（the Eightfold Path），而不作八（條）道（the eight paths）。

正見或正解。正見是如實地看事物。這樣說聽起來很輕鬆，其實一點也不容易。下面這則故事說明我們的知見常常被自我意識所扭曲。

在韓國的圓佛教寺院，有兩個男人打從孩提時代就是好朋友了。金氏自己創業，事業興盛以後，他必須把主要辦公室搬遷到首爾去，大部份時間他都待在那裡工作。既然他無法照顧家鄉的事業，他就請他的朋友李氏代爲看管分部。後來金氏的事業越來越好，他也越沒時間照顧家人。最後金氏和太太離婚。雖然他的經濟非常富足，卻常常覺得很寂寞。所以他時常回家鄉看看孩提時代的朋友。因爲金氏是老闆，他也會查分部的帳目。李氏的怨恨越來越加深，因爲他是金氏的手下，薪水又不高。後來他懷疑老闆來不是爲了看他，而是查帳目的。他想，金氏一定對他起疑心。金氏無意中聽到，覺得很尷尬。雖然他很誠摯地努力去安慰朋友，他們還是變得疏遠起來，最後李氏辭職而去。

仔細檢視內心時，我們將發現，我們都有相同的傾向，也會犯類似的錯誤。自我意識眞的會障礙我們，使我們無法如實地看待事情。

只要我們在地球上，地球看起來是平的。只有從很遠的距離看地球，我們才能客觀地看到它是圓的。只要心裡有自我意識，我們便無法清楚客觀地看待事情。自我，那個分離的個體意識，是無明的根源。只有在脫離這個之後，我們才會如實地看待事物，那時我們才會有正見。

想像我們正從山上走去，山頂便是佛性。爲了旅途順利，我們應該睜開眼睛，循著正確的途徑登山。如果眼睛是閉著，又不遵循正當的途徑，我們是不會到達目的地的。

開車出發以前，我們先要知道方向。相同地，爲了證得佛性，或生活順利，正見是基礎，可以引導我們去實現。誠然，修行者唯有在完全開悟以後，才能有圓滿的正見。不過，依著佛法，或開悟大師的言教，修行者還是可以走在適當的道路上，通往涅槃。他們的法教就像地圖，能夠指引我們走向眞我。換言之，即使不認識途徑，也沒去過某個地方，只要有一張好地圖，或適當的指示，我們還是可以成功地到達目標。

在現代的社會裡，有很多事物我們需要知道，從電腦的使用到世界的經濟狀況等。我們經常被過多的資訊轟炸，也並不是所有的資訊都是重要的。最重要的知識或資訊是那些可以帶領我們走向無條件的快樂與自由。佛說，此知識或資訊便是正確了解四聖諦，而這份理解便是他所說的正見[13]。

少太山大師曾經說過，最刻不容緩的事便是覺知、領略那不生不死的眞理，還有因果律，而不是教導人們很多經典或鼓勵行善[14]。有一次我領悟到不生不死的眞理，了解到死亡不是盡頭，知道還有無數的生命在我面前展開，我的人生觀因而全然改變。死亡不是需要恐懼的事。我的生命從此指向永恆的事。這個價值觀的改變扮演了重要的角色，影響我決定走向修行，最後成爲圓佛教的教授師。

有了求解脫的明確目標，我發現我的世俗欲望很自然地減少了，生命變得平靜而有了中心。這樣祥和的心境來自我價值觀的改變，而非從修行而來。

了解因果法也改變了我的生命和行爲。在我修行佛法以前，我原是基督徒，那時我初次接受這個眞理。聖經強調，上帝是全知的，祂會根據我們的行爲而給予獎賞。換句話說，「要怎麼收穫就怎麼栽」〈加拉太書6：7〉。這是另外一種說明因果的方式。這個法則讓我行事誠實、慷慨，而且人也變得誠摯許多。

佛曾開示：「再沒有一個因素比錯誤的見地更讓人受苦了；也沒有一個因素比正見更強而有力，能提升人類的福祉。」⑮

希特勒錯誤的知見把這個世界帶到了災難的邊緣。波布是柬埔寨共產運動的領袖，他在共產黨接管以後，殺害了柬埔寨所有的佛教僧人。回教極端激進的自殺性炸彈攻擊者相信，他們死後，會馬上進入天堂，以作爲他們犧牲的報酬。從個人的衝突到世界大戰，從個體的層次到全球的層次，很多不幸都是從錯誤的知見來的。不管一艘船有多大，它都

⑬ Bhikkhu Bodhi, *The Noble Eightfold Path*, 23-27. 一行禪師著，《佛陀之心：一行禪師的佛法講堂》（*The Heart of the Buddha's Teaching*），英文版第五十一頁。佛陀也曾經說過：「你們比丘，當你們了悟到五蘊皆空時，你們就獲得了正見。」

⑭ *The Scriptures of Won-Buddhism*, 242.

⑮ Bhikkhu Bodhi, *The Noble Eightfold Path*, 16.

是遵循掌舵的方向行進。我們的生命是基於我們的生命觀而展開的。

有一種非洲羚羊，牠們群牧的直覺很強烈，乃至於群首到達懸崖邊時，在前面的很多羚羊就掉落摔死，因爲牠們被後面的羚羊推擠向前的緣故。很多時候，我們的見解是由社會的價值體系所型塑，很多時候，我們就像這些羚羊一樣，盲目地跟從他人。現今，物質主義宰制了我們社會。我們有意識、無意識地讓這樣的潮流影響我們的心、我們的價值，和我們的生命，很難逆流而上。就像羚羊從懸崖上掉落、摔死，如果我們盲目地跟隨大眾，我們最後被帶領去的地方並不是快樂與自由的國度。在任何的社會、任何的時代，開悟的心靈是極少數的。模仿他人的生活、跟隨社會的潮流也許會讓我們的生活好過一點，但這樣的行爲會把我們的生活框在世俗的世界裡，它的特色便是苦。

這就是爲什麼佛陀說：「逆流而上。」耶穌也說：「你生活在這個世界上，卻不必屬於這個世界。」

佛陀、少太山、耶穌還有其他的聖賢都是找到大道的人——他們的路可通往絕對的快樂與自由。我們的價值觀和我們的生命應該讓他們的法教引導。這就是爲什麼我們需要經常研讀法教及經典，以便我們的修行和生活都能被適當地導引。開悟的心所帶來的看法就是絕對的正見。

少太山大師常常說：「我甚至小學都沒畢業，知識不多，但有一件事我確定知道：我知道如何讓你成佛。」如果我們的修行和生活都基於開悟大師的言教，我們的修行和生活就不會動搖。

正思維或正意向。八正道的第二部份，samyak samkalpa，通常翻譯為「正思維」。因為 samkalpa 也有「意圖」的意思，samyak samkalpa 有時譯成「正意向」。意向就是「我們活動中有目的的方面」。

生命是一連串的抉擇，是日常生活都要面對的事。我們的工作、人際關係、精神修煉（譬如，所採取的禪修方法），這一切的成敗就看我們的抉擇而定，而抉擇的產生來自於我們內心的心念。因此，如果我們可以控制我們的心念，我們就可以控制我們的生命，我們的修行就能有所成就。

正見和正思維息息相關。當我們有正見，我們就有明確的生活目標和健全的價值觀。如此一來，我們很多散漫的念頭和世俗的欲望就開始消退，也較不會為世間事而動心。我們變得更為祥和、平靜，因而能夠專注在我們的日常活動裡。在那樣平靜而祥和的心境裡，正確的思維自然而然升起。

韓國有一個傳統的兒童故事，故事裡有兩個兄弟，祥卜和能卜。他們住鄉下。弟弟祥卜心地善良，樂善好施，卻一貧如洗。哥哥能卜善妒又貪婪，把父母留下的錢佔爲己有。

有一天祥卜在院子裡的地上，看到一隻斷腿的燕子。他很不忍心這隻受傷的小鳥，便用繃帶包紮了牠的傷口。這隻燕子覺得好一點後，就快樂地飛走了。明年春天，那隻燕子帶著小燕子飛回了祥卜的家，並且在他面前掉一顆南瓜子。他把它種在院子裡。秋天到了，很多顆大南瓜都長出來了。祥卜和妻子剝開南瓜時，發現裡面有寶藏。祥卜一夜致富後，搬到豪宅去住了。

能卜聽到弟弟致富並且賑濟窮人的事。能卜就去拜訪祥卜，他看到弟弟住的地方像宮殿時，嚇了一跳。他問弟弟是怎樣變有錢的？祥卜就說了燕子的故事。

能卜一離開弟弟的家以後，就馬上四下尋找斷腿的燕子，卻是一隻也找不到。後來能卜也把弟弟的事告訴他的太太。他老婆聽了也很嫉妒，立刻加入搜尋受傷小鳥的行列。他們翻天覆地地找，找了一個禮拜，什麼受傷的鳥也沒找到。最後能卜抓到一隻燕子、折斷牠的腿、幫牠包紮好、再把牠給放走了。

明年春天，同樣那隻燕子回到了能卜的家，並且掉一顆南瓜子在他的院子裡。能卜很興奮地把它種了。他在四周圍了高籬，這樣就沒有人看到或偷竊他的南瓜。秋天來了，南瓜長得好大。能卜和他的老婆把南瓜切開。讓他們驚訝的是，裡面都是糞便，根本沒有什麼寶藏，而且整個房子都充滿了惡臭，把他們熏得差點昏倒。等他們清醒過來以後，他和老婆又切開另一個南瓜，心裡盼望裡面會有什麼好的。那顆南瓜冒出一陣黑煙，從裡面跑出鬼，追著他們跑了一天。如此，每切開一個南瓜，能卜和他的太太就有一種新的不幸，最後，能卜丟失了所有的財產。

祥卜和能卜都替一隻斷腿燕子包紮，但是他們的意圖大不同。因爲意圖不同，結果也不同。

醫生可能在手術時過失殺人，但是手術刀下的死亡和戰場上的殺戮不相同。即使在戰時，爲了保護自己，或保衛國家而殺人，也和爲了自身利益而殺人大不相同。

我們常常根據思維想法而下抉擇、採取行動。而這些抉擇和行動導致我們的快樂或不快樂，自由或被監禁。讓我們永遠對什麼樣的行動和抉擇會產生什麼樣的結果保持警醒，而這些行動與抉擇又是根據我們的意念而來的。

我們也好好反省在我們行動後面的意圖是什麼？是健康還是不健康的？是自私還是利他的？舉例來說，位於加州的佛寺萬佛城，開山祖師年輕時就開始日中一食，因爲他發現，二次世界大戰時，很多中國人都窮得吃不起三餐。他修習菩提心，以精神上與他們不離來幫助他們。這樣的發心，與一個過重的人日食一餐來減重是大異其趣的。

當釋迦牟尼佛離開王宮去尋師訪道時，正如一位修苦行者所預言的，他不會成爲一個國王。預言上說，如果他追隨父親的腳步成爲國王，他將會變成一個偉大的統治者，可以統一印度境內所有的小國，並且幫助很多人。但是當佛陀離開王宮的時候，他發了兩個誓言：「除非我了悟究竟實相、除非我獲得開悟，我是不會回來王宮的。而在我開悟之後，我將要救度所有的眾生。」所以，立下了這些誓言以後，佛陀一坐時，就與所有的眾生坐在一起。

幫助他人最好的方式便是幫助他們證得佛性，以獲得絕對的快樂與自由。所以，就終極的意義而言，爲了自他而成佛思維或意向是正思維或正意向。這就是爲什麼佛陀解釋正意向爲棄俗的意向、善意的意向，還有無害的意向。[16]

正語。圓佛教第二代宗師鼎山大師曾經說過：「俗話說啊：『禍從口出』。事實上，福跟禍都是從口出。」[17]

我們想想，多少良好的關係都是被說出來的話語，或無根無據的謠言而破壞的。我們犯下多少錯都是因爲控制不了舌頭？

> 圓佛教的創始祖師說過：「甚至只要說一件事或寫下一行話，一個人就可以給另外一個人希望和寧靜，或者絕望與混亂。如此說來，一個人犯過不一定因爲他根本很壞，而是經常無意間就會犯過，因爲他不了解創造福與禍的原則在哪裡？」⓲

我們可以在心裡不喜歡某人，但是這跟你去說一些惡意中傷或辱罵的話，不管對著某人或背對著他講，又另當別論。經由意念跟言語，我們不斷地在造業。透過我們言語所產生的能量，對他人的影響力遠遠超過意念所產生的能量。

一些簡單的話語，就像父母對孩子無心講的話，可能對他們的心終生造成影響，讓他們繼續傷害自己或別人。我們的話語就像潑出去的牛奶，是不能收回的。

既然我們會用舌頭造很多業，佛教裡很多戒律就與控制舌根有關，方法便是正語。舉例來說，在圓佛教裡，我們有下面的守則：

⓰ For details of this, see Bhikkhu Bodhi, *The Noble Eightfold Path*, 29-42.

⓱ Chung, trans., *The Dharma Master Chongsan of Won Buddhism*, 204.

⓲ *The Scriptures of Won-Buddhism*, 363-364.

語不嚴苛、不粗糙。
閒談莫論人過。
別人說話時切莫插嘴。
不花言巧語；不說奉承的話。
不兩舌。
切莫言不及義。⑲

正語能幫助他人，打開別人的心、智。正語是慈悲的、智慧的、鼓勵的。最後，正語能平靜、淨化、激勵我們的心，他人的心，能讓所有的人彰顯佛性。

有一天，佛陀和他的弟子在森林裡散步。佛撿起了一根掉落的樹枝，問弟子說：「樹枝上有多少葉子？」「很多。」其中一個弟子回答。佛又問：「那，樹林裡有多少葉子呢？」弟子答：「不可數。」佛說：「我的言教就像這根樹枝上的葉子；我的默教就像樹林中樹葉的數目。」

言多必失。有一位老師說過：「我們之所以有一張嘴巴，兩個耳朵，就是要我們多聽少說，分量是二比一。」

老子說過：「知而不言、言而不知。」聖賢寡言。他們的沉默正可加持、強化他們的話語。耶穌說：「愛鄰人如愛自己。」〈馬太福音22：39〉孔子也說：「有朋自遠方來，不亦樂乎？」這些話聽起來好像平淡無奇，但是卻強而有力，已經改變了世界和我們的文明。有一間韓國寺院，禪堂的牆壁上寫著：「如果你說話超過五分鐘，你今天的禪修就徒勞無功。」

我們禪行功深時，言語就寡少。寡言少語是我們修行重要的部份。有些人不甘寂寞，但是一個孤獨的環境幫助我們禪修。在寂靜孤獨的地方，我們的修行加深，可以與眞我相見，這就像摩西離開法老王庭，花了很多年當一名寂寞的牧羊人以後，在曠野碰上耶穌一樣。

當年我學習課程，準備成爲圓佛教的教授師。我們宿舍所有先修班的學生，每星期必須服勞役。先修班的學生聚在一個點一起工作時，話就會講個不停。所以，我會故意選擇一個人工作，這樣我就可以保持靜默。

只要我們活在現代社會，經常跟別人接觸，我們就不可能過不說話的生活。可是，還

⑲ *The Scriptures of Won-Buddhism*, 73-74.

是必須再三強調，話要少說一點，爲了我們自身的修行，也爲了社會，話要說得謹慎小心。

正業，或正行。佛說：「眾生是他們行爲的擁有者，是他們行爲的繼承者；他們從行爲出生，又回歸到行爲上，受到行爲的支持。不管他們做了善行或惡行，他們將成爲這些行爲的繼承者。」[20]

我們的行爲比我們的念頭、話語更有力。傷害或毆打某人的身體比用言語中傷那人較爲嚴重。

據說，我們就是我們所做的行爲；我們的行爲界定了我們。正行是明智而慈悲的行爲。正行不僅利益了自身，也利益了社會。正行幫助了自己，也幫助了他人。最偉大的利他是打開他人的心智，引導他們走上精神之旅而達開悟之境。這是最終的正行。但是在日常生活裡，我們經歷許多不明情況，很難確定哪種行爲才是正確的。有很多情況，我們不知道它們有哪些可能的後果。

因爲我們還沒有覺醒，無法一直相信我們的判斷、決定，或者想法，佛陀便建議了一些行爲規範，陳述在戒條裡。這些規範詳列最基本的行爲，引領我們，避免創造不善業。

最基本的戒條是下列五項，都是跟正行有關的：

一、不隨便殺生。

二、不偷盜。

三、不邪淫。

四、無正當理由，不使用麻醉品或酒精飲料。

五、不妄語。

佛陀臨終時，弟子問道：「您捨報圓寂後，我們再也聽不到您的話語。我們將以什麼爲師呢？」佛答：「以戒爲師。」

既然正行，亦即守戒，是我們修行的基礎，所以韓國山禪師開示：

> 如果一邊禪修，一邊浸淫在性幻想裡，這樣就像煮沙欲成飯一樣。如果一邊禪修，同時又無法不殺生，這就像一個人把耳朵塞住，然後大聲對自己吼叫重要的事一般。帶著一顆偷竊的心進行禪修，就像一個破碗要裝滿水一樣。一個

⑳ Bhikkhu Bodhi, *The Noble Eightfold Path*, 17.

騙子也修禪，就像拿糞便來做香一樣。不管你智慧有多高，這些缺點只會把你引入魔道。㉑

有一次，我駕駛在加州的沙漠地帶時，看到沿著高速公路旁有一段有刺鐵絲網籬笆。我問我的朋友，爲什麼有人要花這麼多錢來建造這麼有礙觀瞻的東西？他說籬笆是爲了防止沙漠動物跳進公路，撞到來車。在夜間，這些動物會被車前大燈所吸引，跳向汽車，造成了許多動物和人類的傷亡。就像沙漠動物受到亮光所吸引，因而喪失生命，人類也會不知不覺受到一些情境所吸引，走向痛苦。

戒律通向永恆的快樂。守戒能避開所有具表相吸引的障礙，因而導向開悟。

戒律不是更高存在體所給予的指令，譬如猶太教裡的十誡，那是上帝口授給摩西的。戒律通往解脫之道。戒律的基礎是正見，或普世性的眞理，也就是因果律：種瓜得瓜，種豆得豆。種蘋果不會得橘子。

少太山大師說過：

既然植物靠扎根大地中而生長，一旦一顆種子或一條根已植入土中，新的芽就會根據當季的因緣條件而抽出。動物的根紮在天上，動了一個念，做了一個行爲，或說了一句話，就會在虛空中的法界裡種了業因，而業果根據每一個善、不善緣而出現。所以，人怎麼可能欺騙他人，或欺瞞上天？[22]

每一個行動都會有一個結果。讓我們想一想殺害、邪淫、妄語、偷盜的結果或果報。如果你傷害他人，你就會被傷害。如果你偷了東西，你所珍愛的東西就會被偷竊。這是因果的業報原則。了解這項眞理的人不會從事不誠實的活動，也不會耽溺在暫時的刺激裡，例如麻醉藥或酒……等。

有一天早上，我在費城圓佛教寺院禪修時，一隻麻雀飛進禪堂裡。因爲天花板很高，那隻無助的鳥找不到窗戶，飛不出去。有一個教授師拿來蝴蝶網，試著抓那隻鳥，好放牠出去。但是麻雀很害怕教授師和那個網，所以不斷地飛離他。

戒律是道路，帶領我們從痛苦中解脫出來。戒律看起來或許像蝴蝶網，但其實是善巧

---

[21] Joeng, trans., *The Mirror of Zen*, 55.

[22] *The Scriptures of Won-Buddhism*, 235.

方便，可以釋放我們，找到絕對的快樂。

正命（正當的生計）。現代人大部份的時間都花在工作上。他們透過職業來實現夢想或生命的目標。大多數的人以工作成就來衡量自己一生的成敗。因此，我們賴以活生的職業特別重要，有一個正當、健康的活計是必要的。

一天，佛走在鄉間的路上。他的一個弟子撿起了一小段稻草，聞聞它的味道。佛問說：「聞起來怎麼樣？」弟子回答：「像香的味道。我想，它以前綁過一捆香。」他們繼續走了一段路，弟子看到另外一根稻草，把它撿了起來。佛問說：「聞起來怎麼樣？」弟子回答：「有魚腥味。我想它以前綁過魚。」佛開示：「就像稻草瀰漫著它所親近物的味道，人也一樣受到環境的影響。」

人類是環境的產物。我們的價值觀、思維模式、生活方式，在在都受到環境的影響。土狼在野地裡又兇猛、脾氣又壞。但是，有一次我看到一部關於土狼的紀錄片，裡面的土狼變得既溫馴又服從，因爲牠們是被人們用愛心和關懷所養大的。同樣地，我也注意到，我朋友的個性也受到他們職場的影響。律師、記者，或教授師都慢慢地以職業特徵來型塑他們的個性。我們的心受到環境、特別是職業的影響。

我們應謹慎於所從事的行業，慎選將要投入的職業。我們所賴以爲生的工作不僅影響我們的心，也影響整個社會。因此，什麼才算是好的職業，或正當的生計？就是能夠淨化我們及他人內心的工作。賣酒或毒品來營生不同於教人家禪修，或看護病患。

少太山大師說過：

人們的職業有的創造福報，有的製造罪業。積功累德的職業可以利益整個社會，因而健全了我的內心。產生罪過的行業，在你從事的過程當中，破壞、毒化了整個社會，因而也扭曲了我的內心。所以，人要慎選職業。在所有的行業當中，佛的事業是最好的，因爲他正確地引導一切有情的心，度他們出苦海，上天堂。㉓

最後，正命就是能創造幸福、培養智慧，導向開悟的職業。如果職業是直接或間接的殺生，例如屠夫、武器製造者，或是販賣製造酒、毒品、香煙者（以上會讓人精神萎

㉓ *The Scriptures of Won-Buddhism*, 219.

靡、摧毀內心），那麼，應該慎重考慮個人的業報問題。

鼎山大師說過：

創辦宗師訪問釜山地區時，幾個信徒來拜見，說：「對於大師的法，我們有最崇高的敬意，但是我們是靠捕魚爲生的，也就一直在違犯第一條戒律。我們覺得汗顏，也很沮喪。」創辦宗師回答：「不要擔心。一個人的職業很難一夜之間改變。即使你三十條戒律當中違犯了一條，仍勤勉地守住其餘二十九條，你還是可以藉由你的二十九個善行，對社會貢獻出無量的功德。不要因爲守不住一條，而隨便違犯其他二十九條，因而墮入罪過與痛苦的深淵裡。更有甚者，如果你能好好遵守二十九條戒律，那麼，剩下一條的守戒方法自然會出現。具備這樣的信心，不要氣餒，好好修行下去。」㉔

如果你有小孩，那更要慎選職業，因爲小孩子特別容易受到環境的影響。中國的哲學家聖人孟子很年輕的時候，住在墳場附近。他會模仿喪葬儀式，先挖地，然後把土堆在棺木上面。孟母覺得這個地方對兒子不適合，所以就搬家到市場旁邊。孟子在那邊模仿店家的叫吶聲。孟母又覺得這個地方也不適合孟子，所以她就搬家到學校邊。在那裡，孟子學習禮儀的課，也開始讀書。孟母說：「這個地方最適合養育小孩。」這個故事叫做「孟母三遷」，字面意思是「孟子的母親搬了三次家」。

正精進。韓國有句俗諺：「即使是放在餐桌上的鹽巴，必須撒了，才能釋放出風味來。」

雖然正語、正業、正命都重要，但不精進也不會開花結果。僅僅知曉八正道，也不能帶我們同赴涅槃；我們必須眞正走在道上才行。很多登山客都知道通往聖母峰山頂的路徑，但是登上峰頂的人只有少數幾個而已。沒有努力精進的話，一事難成。不論是修行還是上班，不流汗、不經一番寒徹骨，就沒有收穫。事情越重要，所需付出的努力就越多；越有意義的工作，我們會遇上的障礙就越富有挑戰性。如此說來，不管從事什麼，都是需要精進努力的。因此，正精進是八正道的基礎。

最終，正精進會帶領我們成佛。這個世界上，許多人辛勤工作來獲得金錢或聲名。工

---

24 *The Scriptures of Won-Buddhism*, 127-128.

作成狂的爲數不少，也獲得了一些成就。但是我們大家都要想想，是否我們的精進最後會帶我們到達絕對的自由。

歷史告訴我們，許多獨裁者以及帶給社會災難的那些人，都是精勤努力、絕頂聰明的人。搶劫銀行的搶匪也都下過一番功夫來執行計劃。我們應該愼重地思考，究竟我們精進的目標是什麼？通往哪裡？我們的生命要走向哪裡？要有方向，然後才能趨向目的地。耶穌說：「一個人就是贏得了全世界，卻賠上了自己的生命，有什麼益處呢？」〈馬可福音 8：36〉

如果我們只是爲了賺錢而賺錢，如果我們爲了聲名而寫書、寫論文，最後這些不會給我們自己或社會帶來幸福。人們爲了獲取什麼來誇耀別人、來愉悅自己的感官、來得到他人的認可，而付出的努力，這些都不算正精進。

只要正精進的努力會引領我們到絕對的快樂、永恆的快樂，這樣的精進就與我們的修行息息相關。既然所有的修行都是爲了調伏我們自心，佛陀以心智訓練或禪修的觀點來解釋正精進：

> 正精進是能量充沛的願力：(1)令未生之惡、不善之法不生；(2)已生之惡、不

善之法令滅；(3)未生一切善法令生；(4)已生一切善法令住。[25]

正定。正定與正念爲禪修或心智訓練之道。當我們有了正見，就確立了人生的方向。當我們認識了眞理，而且步上了解脫的精神之道，我們就會適當地去思考（正思維）、說話（正語），還有行動（正業與正命）。我們投注時間與精力以實現理想、獲得絕對的快樂，這就是正精進。爲了證得佛性，首先要學會控制我們的行爲和語言。最後的工作便是征服我們的心。

在圓佛教裡，根據不同修行者法的根基而給予不同的戒律：最初的十條戒屬於初階的修行者；另外十條戒屬於中階的修行者；後十條給予更高階的修行者。這三十條戒律的末三條是：

一、不貪。

二、不生氣、不蓄恨。

[25] Rahul, *What the Buddha Taught*, 48.

三、不痴。

這三條戒律講的是心性調伏的問題。這是所有戒條當中最困難的部份。根本上來說，修行就是修心，而調伏自心是一切法門的基礎所在。當我們的心臣服了，智慧就升起來了。當我們失去內心的平和、寧靜時，行爲就會失序。正定與正念構成禪修與心智訓練之道，是我們修行的基礎與極致之所在。

中國有句俗諺：哀莫大於心死。心渙散、不集中時，我們不但變得疲勞、不快樂，而且也容易下錯誤的決定，導致失敗。沒有正定的話，生命很難有所成就。一顆凝聚的心強而有力、快樂而充滿智慧。

心通常四處流竄。在禪宗、蘇非派，及印度教的傳統裡，這顆心叫做「猴子般的心」。這顆猴子心從這棵樹跳到那棵樹，從這個念跳到那個念。沒有訓練的話，我們的心很難安定下來、並且也難以駕馭。這顆猴子心應該被馴服、被調教。我們的社會不容許我們靜下來。我們必須思考、知曉很多事情。我們的工作通常勞心、較不勞力。

學生不會因爲他們具備道德，或慈善的生命目標而進入哈佛之類的名校，或者在職場上獲得成功。他們出類拔萃常常是因爲他們的思考力和判斷力。我們現在所處的社會常常用大量的資訊轟炸我們。我們的工作和我們的社會常常逼著我們要去思考，這樣做會擾亂我們的心，消耗我們的能量。因此，我們需要寧靜的環境或時間來集中精神、安定我們的雜念。想一想，平常我們都是做什麼來恢復內心，使其得到休息的？很多人閱讀雜誌、看電視、上電影院，或者八卦一下。我們不斷地在消耗能量，讓我們疲倦不堪，不管在智慧或靈性上都日漸消減。我們需要的是一個眞正而深度的精神假期。

幾個月前，我拜訪一個朋友的家。當時我把車子停好後，車燈忘了關上。離開他家的時候，我的車子發不動，因爲電池已經沒電了。爲什麼現代人很容易心煩意亂、脾氣不好？因爲他們缺乏能量。他們把能量消散在很多事物上頭——通常是無關緊要的事——然後把自己搞得很累。我們需要有方法來保存能量，有技巧來集中心念，還要有時間來練習。不訓練內心、不練習禪修的話，很難在集中心念時保持心境的平和。

去年的飛機上，有一個小孩坐在我身邊。當他發現自己忘了帶 iPod 和手提電腦時，變得很激動。整個飛行期間，他都很煩躁不安。我們的心就是這樣地追逐這麼多東西：一個聲音、一個影像、一種香味、一種味道、一個想法等。爲了讓心安靜下來，我們需要經常在蒲團上打坐。爲了馴服我們的猴子心，制心一處，禪坐是重要的。不過，我們也可以在日常活動當中集中心念。

大多數的人一天禪坐都不會超過一、兩個小時，所以在進行經常性的活動時，維持或培養平和、專注的心就變得很重要。

少太山大師說過：

> 對修行者而言，在動靜中取得修行力量，最快速的方便法如下。首先，在一切行動中，所作所爲都不要干擾或破壞你的性靈，並且避開感官的情境。其次，對任何事都不要起貪心，反而要讓自己習慣於冷靜不帶感情的態度。三，做一件事時，不要又分心在別的事情上頭，一次只專注手邊的事就夠了。最後，空閒時，專心念佛號或靜坐。[26]

正念或正覺。八正道的最後一程叫 samyak smriti。梵文 smriti 的意思是「回憶、記憶、當下心、記憶……等」。samyak smriti 中文翻譯作「正念」。「正」是正確的意思。而中文字「念」有兩個部份。上半部「今」是「現在」的意思，下半部「心」有「心智」「心」或「覺醒」的意思。所以，「念」意指當下的醒覺，或者，記得要回到當下。正念或正覺就是回到當下，回到現實。

很多人活在過去回憶及想法的桎梏裡，比如受虐的童年、悔恨，或者是想到昨天別人怎麼說我的。過去已經過去了。過去只存在記憶中。相同地，人們也常常擔憂未來，例如未來的計劃、憂慮，或明天可能會發生的事、種種的可能……等等。這是源於對未知的恐懼。然而，這些計劃和憂慮只存在我們的念頭裡，而未來永遠不會到來。生命只是一連串的當下。這個道理很明顯。我們靜坐時觀察心念，就注意到我們的心充滿著不必要的，對於過去的悔恨，或對未來的憂慮。要完全停在當下這一刻是不容易的，但是，回到當下就是回到實相。

靜坐時把心放在呼吸或身體的覺受上，我們爲什麼這麼教呢？這樣做不僅可以平靜我們的心、集中思緒，也是停留在當下、回到現實的技巧。我們的呼吸和身體的覺受是此時此地正在發生的事，而現前當下這一刻是唯一眞實存在的東西。如果我們把精力耗在過去的悔恨，或對未來的憂患當中，我們就無法充分地活出我們的人生，因爲我們對當下渾然不覺。耶穌說：「因此，不要擔心明天，因爲明天會自己擔心自己。每天的煩惱就已經夠多了。」〈馬太福音 6：34〉

㉖ *The Scriptures of Won-Buddhism*, 142.

生命是一連串的當下，再沒有別的了。如果我們錯過當下，我們就錯過人生。我們老是這樣想：「只要我債都還了，等到結婚以後，或等到所有小孩都畢業以後，我就會快樂。」但是那個完美的一刻永遠不會到來。即使你認爲這一刻已經到來，它也只持續片刻而已。我們必須學習活在當下、享受當下。登山時，我們應該享受每一腳步，而不是只享受爬上山頂的那一刻。畢竟，登上山頂之後，我們還須得下山。

當我們活在當下時，我們跟自然、有情眾生，以及整個宇宙就合而爲一了。我們自由的範疇大大擴增了。我們的生命變得更豐盛，我們也可以像小孩子一樣，微笑地對著烈日、美樹、新鮮的空氣，還有天空。我們會越來越具慈悲心，既能欣賞別人的快樂，也對他人的痛苦深表同情。過多的憂慮和計劃會使我們分心，也侷限了生命，所以必須利用靈性培養的技巧，訓練我們的心。我們必須藉由禪坐來安定雜念、使內心專注。既然這個修行方式是最根本、最有效的，佛陀教導正念便是以禪坐爲內容。以禪坐而言，佛推薦四種正念的對象（四念住）：

一、身念住。
二、受念住。

三、心念住。

四、法念住。

透過這樣的訓練方法，我們可以讓雜念安定下來，淨化內心。

人常常忙東忙西的，從家事到上班的事，忙個不停，難得有閒暇打坐。所以，在日常生活的俗世活動中保持正念是很重要的。修習「動中正念」跟靜坐時保持覺知、警醒是一樣重要的。

很多森林火災吞噬了整座山、摧毀了家園，起因都是人爲的疏失，不經意丟下煙蒂所致。想想，多少日積月累的壞習慣，已經以負面的方式影響我們的生活。

第一次上網球課時，教練告訴我，不要緊緊地握住網球拍。他說，只有在擊球的那一刻才需要握緊球拍。同樣地，我們所做的每一件事都要保持覺知是很困難的。如果我們要練習覺知，同時關注很多事情，會弄得疲累不堪，修行上也不得力。我們應該專注練習正念在最必要、最需要、最重要的事情上頭，比如打破壞習慣，或不健全的心態。少太山大師建議他的學生挑選一些東西來專注練習，從戒律（例如，不談是非；不過度飲酒）到個人的選擇（例如，一天上網不超過一小時；不要錯過星期天的義工服務；每天規律的靜坐，至少三十分鐘以上）。

佛說，世界如火宅，我們的心著火了，燃燒著貪、嗔、痴的火焰。如果我們的心就像鍋中的沸水，那麼，熄滅鍋子下的火靠的是靜坐的功夫。舀出一些熱水，倒進一些冷水就像在行動中保持覺照。動靜時的正念對於冷卻鍋中的熱水都是不可或缺的。

結語

八正道就像一本簡單的實用手冊，提供終結痛苦的直接法門。第一聖諦告訴我們，人生是苦。第二聖諦告訴我們，苦的因是我們執著的心。第三聖諦是痛苦的止息，也就是涅槃或開悟。第四聖諦是通往涅槃或開悟的道路，也就是八正道。

八正道是處方，列著八種藥來治療我們的痛苦。我認識很多人，他們看醫生，可是不聽醫生的話，也不依處方適當地吃藥。我也認識許多人，他們去健身房註冊，卻很少去健身。佛陀被稱爲大醫王。即使你看了最好的醫生，如果你不遵循用藥，病是不會好的。

知道八正道還不夠，我們還必須實際走在道上。東方有句諺語：師父帶進門，修行看個人。不論是佛陀，或是父母、師長、法友、愛人，都無法替我們走在道上。

經過試驗與錯誤，佛陀在離開父王的皇宮、歷經各種的苦行之後，發現了八正道。但是他所教導的八正道，或中道，是人人可行，不論是上班或在家，日常生活裡隨處可實踐。因此，能遇上佛法是很大的福報。我們很幸運，我們所需要做的只是遵循上師所發現的路徑走去：

圓佛教的創始宗師每年冬天都會患咳嗽，每次的開示都會被咳嗽打斷。由於這個原因，他對大眾說道：「靈光郡是我長大的地方。眾所周知的，那個地方赤貧、落後。由於我宿生的習慣，很幸運地在年輕的時候就有精神的志向，開始誠懇地求道。不過，我沒有機會向師長提問或接受指導。精神上的啓發都是我自己來的。我試盡了所有的苦行，吃盡了所有的苦頭。有時候我會上山，並且在山上過夜。有時候我會一整天坐在馬路上。有時候我會一整夜眼睜睜地醒著。有時候我會在冰水裡洗澡。有時候我會斷食。有時候我會待在一間很冷的房間裡。最後我把身體搞垮了，失去了意識。雖然最終我的疑惑都得到了解答，我的病根卻已經很深，消滅了身體的能量，病情也越來越惡化。因爲當時我不認得路徑，實在也是無能爲力。

「很幸運地，雖然沒有行苦行、苦修，你們就直接學習大乘圓滿的法教，這些都得力於我的經驗。這是你們的大福報。一般來說，超越時、空的禪是大乘修行的捷徑。如果你照這樣去修，就事半功倍，而且不用生病就可以成就。我懇求你們不要傷害身體，不要犯這樣的錯誤。你們要清楚，我『上道』以前所修的苦行是徒勞無功的。」[27]

「大道」都知道了。現在是眞正「上道」的時候了。

[27] *The Scriptures of Won-Buddhism*, 176-177.

12

四聖諦的空性

一個和尚問洞山禪師：「當冷、熱來襲時，我們如何避得？」
洞山禪師回答：「為何不去那不冷不熱的地方？」
和尚追問：「哪裡有不冷不熱的地方？」
洞山禪師答：「天冷時，任它冷到極度，把你冷死了。天熱時，任它熱到極點，把你熱死了。」

——《碧巖錄》第四十三則

無苦、集、滅、道；無智亦無得，以無所得故。

……無苦、集、滅、道……

經文「無苦、集、滅、道」意思是四聖諦是空性的，正如同五蘊、十八界和十二因緣一樣，都是空的；這些我們在前面章節都已經解釋過。也就是說，佛陀花了很多年的教導，這些精要的法義都是空性的。這句經文的意思是，以究竟義的觀點而言，四聖諦是不實有的。

開悟就是悟到根本沒有一個「我」。也就是說，我們覺得有個別的我，這是幻想，是心理建構出來的東西。當這個「我」或自我意識消失時，接下來的鏈——集、滅、道——也就同時消失了。

苦、集、滅、道的空性本質在我們的日常生活裡就可以體驗到。當一個念頭從自我概念興出時，四聖諦的世界就展開了。但是，如果有人開悟了，也就是融入「無心」或宇宙心時，四聖諦的世界也就消失了。

韓國寶文禪師（西元一九〇六～一九五六年）動手術。他要求醫生開刀時不要上麻醉劑。醫生說，他要打開他的腹部，移除幾根肋骨，不上麻藥是不可能的。不過，和尚很堅持。當醫生動手術時，寶文禪師沉浸在一則公案裡，同時進入三昧狀態❶。

不管是苦還是苦因（手術本身，或製造痛苦的諸多原因），如果是有實質的，就應該一直會感受那個痛和苦。但是既然它的本質是空性的，它就只是我們的內心所創造出來的，而且隨著情境不同，感受也不同。這就是爲什麼同樣的食物，依我們心境的不同，

❶ Cho, *Seclusion*, 204.

每次味道嚐起來也不一樣。（請參閱第八章）

龍樹菩薩說過：

若痛苦有實質，止息就不存在。
若實質可被安置，止息就會被拒絕。

若道有實質，修行就不適當；
如果此道確實可修，就不可能有實質。

若痛苦、升起和止息都非實存，
那麼人該求何道才能獲得痛苦的止息？❷

佛陀證得無上的覺悟之後，他想進入涅槃，不想傳授法教，因為他認為無人能信他所發現的法。據說，天人不斷地懇求佛陀，請他慈悲眾生，教導他們。天人說，有些人的根基已經成熟，可以接受佛的法教。禁不起天人再三的請求，佛陀靜觀人類精神及智慧的層次，乃決定教導他的法，準備出發去一步一步地傳授法義。在第一階段，因爲人們普遍這麼無知，自我又很強，對痛苦感覺很眞實，所以他在一開始只教四聖諦。在傳授了一些基礎法教以後（比如四聖諦、業的因果法則、修行的功德、遵守戒律的重要等），他開始直接教導究竟實相——一切事物的空性本質。從他五十中旬歲時就開始，佛陀教導《般若波羅蜜多經》達二十多年。

基督教傳統裡的聖者也一樣，會根據學生的靈性成熟度而因機逗教：

> 你們早就應該爲人師表了，可是你們竟還需要別人用上帝信息的第一課來教你們。你們還需要吃奶，不能吃乾飯。凡是吃奶的都是嬰兒，還不會辨別是非。從另一方面說，只有成年人才吃乾飯。他們已經有了豐富的經驗，能辨別好壞。〈希伯來書 5：12—14〉

下面這則故事是一個老師方便善巧的實例。

❷ Garfield, trans., *The Fundamental Wisdom of the Middle Path*, 70.

夜間，有一個人趕路回家，在墓地附近看到了鬼。他受了驚嚇，此後整個人生過得十分悲慘、痛苦。經歷了這個事件之後，他就睡不好覺，很害怕那個鬼會來攻擊他。他心裡知道，必須要趕走那個鬼，否則別想睡得好，人生也別想過得安寧。所以他去找一個赫赫有名的道士。傾聽了那個人的憂慮之後，道士給他一個護身符，還教他一個趕惡鬼的咒語。那天以後，他又可以沉沉入睡了，恢復了生活的平靜。只要起了怕鬼的心理，他就把護身符拿出來，並且念一念咒語。這樣過了幾年，有一天，他內心又起了一念：「那個道士很老了，如果他死掉怎麼辦？要是我丟掉護身符呢？那個鬼可能又會來攻擊我！」那天之後，他又難以入睡了。下回他去道觀，把內心的憂慮說給那個老道。道士回答：「我告訴你一個秘密。」道士要他靠過來一點，悄悄地對他耳語：「根本沒有鬼這種東西！」

佛又稱大醫王。他最關切的是醫治人們的心病，而不是像大學教授一樣，非常邏輯地教授佛法。他會根據眾生的智慧及靈性的程度，而給予不同的「處方」，或佛法。對於那個怕鬼的人，道士先給予護身符，再給一句咒語。等到那個人持咒好幾年，變得純熟，也可以接受道士的話了，道士才跟他說實話：「根本沒有鬼。」同樣地，當學生還不夠成熟，佛陀先教四聖諦。等到學生心理已經準備好了，佛才揭露究竟的空性實相：五

蘊、一切法、十八界、十二因緣，以及四聖諦都是空的。從究竟義來說，是不存在的。這些只存在於我們的心裡。❸

根據龍樹菩薩：

> 若一切皆空，無生亦無滅，如是則無有四聖諦之法。❹

既然我們早已是佛（完美無缺的佛），說有一條道路可通往佛性與開悟，便毫無意義。只要我們一直在尋求的這個佛性是我們早已具足的，通往涅槃之道就無意義可言。事實上，我們早已到達目的地了，就像《心經》解釋的：無（苦、集、滅）「道」。

---

❸根據《雜阿含經》，佛陀教導弟子也是按步就班的：先教五蘊、再教十八界、然後是緣起法、最後是萬物的空性。See Red Pine, *The Heart Sutra*, 114.

❹Garfield, trans., *The Fundamental Wisdom of the Middle Path*, 67.

……無智亦無得，以無所得故……

龍樹菩薩說過：

若無四聖諦，知識與棄智，內修與外顯，終將不可能❺。

當孔子遇到隱士聖者老子時，孔子首先發問：「何謂道德？」老子回答：「無道時，才會想到道德。」在對話的進行過程當中，孔子越來越尷尬，越來越沉不住氣，這是他的侍者前所未見的。

因爲有無知無明的存在，才會有智慧或知識的存在，來求開悟。當無明消失了，智慧也就消失（「無智」）。如果無病，就無需藥物。正像一個天眞小孩的心中不會有無知的概念，一個開悟者的內心也不會有智慧或非智慧的觀念。有一天，我在找我的眼鏡。找了好一陣子後，我才了解，我正戴著眼鏡。同樣地，只要我們所在追求的是佛性，就無法得到或失去，因爲佛性正是我們的本性。

有一個禪師說：「終日尋覓，不可得之。」相同的道理，《楞伽經》有言：「佛心是基礎，無門是法門……求法者將一無所獲。心外無佛；佛外無心。」

「獲得開悟」只是一個方便說法。爲了向一般大眾開示佛法，大師們需要用這類的詞語，像「證得佛性」或「獲得開悟」等。事實是，根本了無可得（「無智亦無得，以無所得故」）。韓國高峰禪師說過：「事實上，無來也無去，無智亦無無明。要開示就必須要有所言說，比如要救一個溺水的人，你必須下水、跟著把自己弄濕一樣。」❻

關於這點，莊子說過：

> 魚餌是用來捕魚的；捕到魚後就該忘了魚餌。陷阱是用來捕捉兔子的；捉到兔子後就應該忘了陷阱。語言是用來表達思想的，得意後就該忘言。我如何找到一個忘言的人呢？請帶我去他那裡。我有一句話想要跟他說說。

開悟就像開燈。大燈打開以後，我們就可以看清一切——不增不減地看清楚。開悟讓我們看清楚：我們自身正是我們一直在尋找的。

---

❺ Garfield, trans., *The Fundamental Wisdom of the Middle Path*, 67.
❻ Kyongbong, *Touch the Door Latch In the Middle of the Night*, 18.

獲得或得到這樣概念的前提是有一個「我」當主體，這個主體要得到某種東西。還有一個假設，果眞有什麼東西是這個「我」可以得到的。既然「我」和「諸法」是空的，獲得與不獲得的概念就消失了。

法藏法師曾說：「不僅這些珍貴的佛法在空性中不可得，有空性智慧的人也不可得。因此，《心經》說：『無智』。同時，這個我們所認識的空性智慧也是不可得。因此，經文說：『無得』。」[7]

提婆大師說：「可以看得到的是知識，被看到的是獲得。因爲苦與樂都遺忘了，能知的心就不升起。這叫做得無所得，是圓滿得。這有別於世俗之得。爲了逆向思考菩薩有所得的觀念，這裡說『無智亦無得』。」[8]

只要有「我」的存在，二元對立的世界就存在了。這個世界是好分別的，充斥著渴求、欲望與痛苦。只要「我」消失了，那就是一個自由解脫的世界，絕對究竟的世界，是開悟者所居住的世界。

在開悟之前，求道者苦修，難忍能忍。開悟了，所有的幻境都消失了。所有的法、整個宇宙就變成了「我」。既然「我」與整個宇宙無二無別，怎麼可能有得與失呢？我們的心不異於法，諸法便是我們的心——「以無所得故」。

有些數學方程式看起來很複雜，但是只要有一個變數去除，就變得簡單明瞭。同樣地，當「我」消失，《心經》裡很多表面上的矛盾就明白了——譬如，「無苦、集、滅、道；無智亦無得」——所有的一切開始說得通，具有圓滿的意義。

我第一次閱讀《金剛經》的時候覺得困惑，裡面的道理充滿矛盾，一切令人費解。但是再研究、再修行之後，一切再清楚不過了。

只要內心存有自我，事情就顯得困惑不解、矛盾不已。當自我消失了，事物又變得清晰起來，再清楚不過了。我想起一個故事。有個人在睡夢中被尖叫聲及四周的槍聲吵醒。他很害怕，以爲戰爭爆發了。睜開眼，原來是電視機的聲音。相同的狀況，沒有覺醒的人在這個世界受苦、受折磨，但是等他們覺醒時，才了解一切都是空的。他們領悟到，雖然事物是存在的，但它們的存在就像海市蜃樓或幻相一樣不眞實。

《金剛經》的最後一章，佛說了四句偈給他的弟子聽：

---

❼ Red Pine, *The Heart Sutra*, 126.

❽ Red Pine, *The Heart Sutra*, 126.

一切有爲法
如夢幻泡影
如露亦如電
應作如是觀

想像你在做夢。夢中，你被鬼追（代表這個苦難的世界，象徵第一及第二聖諦）。你試盡所有方法要逃開（第三聖諦）。最後，你遇見了一尊菩薩，命終於保住了，因爲你乖乖地聽菩薩的話（代表滅苦之道，也就是第四聖諦）。但是當你醒過來，發覺不過是一場夢，而一切顯得微不足道起來，包括受苦者、受苦因、菩薩、脫離惡鬼之道……等。對鬼的恐懼還有對菩薩的感恩突然都不見了。

有一位波斯王想要遍知世界上所有人類的知識，於是他下令學者寫下這些知識。他們花了二十年收集資料，寫了幾十本書——歷史、地理、數學、科學，無所不包。他們把書帶來國王的跟前，國王很驚訝，書本居然這麼多！而且每本都很厚。所以這個無事忙的國王又命令學者把所有的書摘要成一部。又二十年過去了，學者們忙著把所有的知識濃縮成一本書。他們終於完工了。當他們把書呈現給國王時，國王已經又老又病，讀不動整本書了。所以國王告訴他們：「我可能不久人世了，把這本書的精要用一句話說給我聽吧。」其中一個睿智的學者回答：「在我研究世界上所有人類的知識時，我發現到這個：人出生了、受苦了、死亡了。」

老國王盯著兒子看，這個年輕王子讓國王憂心忡忡，因爲他的生活揮霍無度。國王又請教這位智者：「請你給王子一些實用的建議吧。他就要繼承王位、統治王國了。」智者回答：「不勞則無獲。」

對一般人而言，「不勞則無獲」可以說是實用的建議。爲了要剷除痛苦的根，人們應該靈修。這是四聖諦的功課（八正道則是滅苦之道）。但是《心經》指出，痛苦（勞）與收穫都是不實存的（「無苦……無得」）。這就是般若波羅蜜多文學的精義所在，講的是究竟絕對的眞理。

如果四聖諦的教導是「不勞苦則無收穫」（而這也是佛陀教義的血肉）；那麼，佛陀教理的精髓便是空性的「沒有勞苦，也沒有收穫」。這是究竟的實相。

13

頓悟與漸修

雁渡寒潭，雁過而潭不留影。

——禪宗語錄

菩提薩埵依般若波羅蜜多故，心無罣礙，
無罣礙故，無有恐怖，遠離顛倒夢想，究竟涅槃。
三世諸佛，依般若波羅蜜多故，得阿耨多羅三藐三菩提。

惠能與開悟

惠能在西元六三八年生於廣東省新興縣的盧姓家庭裡。惠能年輕時，父親就過世了，留下他與寡母過著非常貧困的日子。因此，他並沒有機會學習讀書或寫字，靠撿柴火到市場販賣為生，僅夠糊口。

有一天，當他送好木柴，準備離開一家店時，剛好聽到有人在誦經。當他聽到經文「應無所住而生其心」時，當下豁然開悟。惠能問誦經者所誦何經？從那兒來？那人告訴惠能，所誦者為《金剛經》，他從蘄州黃梅東禪寺來，寺裡的住持是弘忍和尚，也是禪宗五祖。

那人給了他十兩銀子，讓惠能安頓老母。惠能安排朋友來照顧母親後，就出發前往北方的禪寺，去拜見五祖。他花了三十天的腳程才走到寺裡。

惠能拜見五祖時，自我介紹道：「我是廣東來的百姓。我走了很遠的路，來向您致敬。我除了佛性以外，別無所求。」五祖答道：「你是廣東人，是個野蠻人！你怎麼指望成佛？」惠能回答：「人有南北之分，佛性無南北之別。一個野蠻人在身體上跟您大和尚有別，但佛性上是沒差別的。」五祖心想：「這個野蠻人根性也太利了。」就派惠能去馬廄那裡，囑咐他一句話都不許多說。

五祖知道惠能已開悟，所以想要把他隱藏起來，避免某些嫉妒的僧人會傷害他。惠能徹身而退，在碾米坊裡做工。他劈柴、舂米達八個月之久。

有一天，五祖集合眾弟子，說道：「生死輪迴事大。我現在已經老邁，想要傳衣缽法脈下去給了悟心性的人。衣缽表徵祖師的位階。去寫一首詩偈，我來看看誰已經悟道了？能夠了悟心要的人就是第六祖。」

那些弟子根本連寫都不想寫，他們想，首座和尚神秀一定就是第六祖了。他們當中最負眾望的弟子神秀，受到師父的指示後，就寫了這首詩。但是他也沒確定自己有沒有見性，所以並沒有勇氣把詩呈給五祖。他只是趁三更半夜時，把詩寫在走廊的牆壁上，也不具名，但是他知道五祖會看得到。

詩是這樣寫的：

身是菩提樹，
心如明鏡台。
時時勤拂拭，
莫使惹塵埃。

僧眾看到這首詩時，都驚奇稱妙：「寫得好極了。」

五祖看到這首詩時，告訴眾弟子：「如果你們根據此詩來修，就不會墮到三惡道去。時時背誦，有大福報。」

五祖私下跟神秀說：「你已經抵達開悟之門，但是還沒有入門。」他要求他再寫一首，呈給他看。神秀試了又試，但就是再也寫不出來。

過了幾天，惠能剛好經過走廊，看到了這首詩。他問一個小沙彌：「這是誰寫的詩啊？」沙彌回答：「你這個野蠻人，你難道一點也不知道嗎？我們的祖師要大家寫一首詩，他要挑選下一位祖師呢！他說要傳衣缽給明心見性的詩人。神秀大和尚寫了這首詩，祖師要我們背誦呢！」

惠能請沙彌唸詩給他聽，因爲他不識字。當他聽到那首詩的時候，他知道詩的作者還沒有見性。惠能請在場的一位州官幫忙寫他的詩，詩如下：

菩提本無樹，
明鏡亦非台。
本來無一物，
何處惹塵埃？

那個州官寫完這首詩以後，在場的人無不驚怪。

惠能隨即回去舂米。然而，他的詩引起了很大的騷動。人人都說：「奇了！人眞不可貌相。或許他會是六祖吧！」

五祖弘忍出來，看到大眾群情嘩然。等他讀了惠能的詩，只淡淡地說：「這首詩也還沒見性。」隨即脫鞋把詩擦去，唯恐弟子生妒，加害惠能。

隔天，五祖悄悄地來到惠能舂米的廚房。祖師問他：「米煮熟了嗎？」惠能回答：「早就煮熟了，就差一個篩子。」五祖拿起拐杖在石臼上敲了三下，然後就離開了。惠能了解五祖的意思。清晨三點時，他去到了祖師室。

祖師用衣袍作屏帳，擋著不讓人看到，然後開始為惠能講解《金剛經》。當他講到「應無所住而生其心」時，惠能聞言大悟，了解到宇宙萬事萬物無都不是心要所在。

五祖把象徵開悟之法印、源自釋迦牟尼佛的衣缽傳給惠能，說：「你現在就是六祖了。」

就這樣，在三更半夜時分，無人知曉的情況之下，法傳惠能。

神秀和惠能所做的兩首詩在禪宗裡時常被引用。這兩首詩描繪了禪門修行的特徵，特別是在追求佛性的過程當中，開悟所代表的意義。這兩首詩闡述了修行的兩個路徑：開悟前與開悟後。

讓我們檢視一下，我們是如何修行的？

我們的本性常常被比喻成鏡子。就像鏡子一樣，我們的心蒙塵了，這塵埃是貪、嗔、雜念與妄想。修行者的工作便是除塵，這樣做，我們佛性的原始明亮才能顯現。這是靈性的修煉。多數的修行者都是這麼辦到的，而且不只佛教徒這麼做。

但是當已開悟的惠能讀了神秀的詩，他馬上知道，這首詩的作者還未開悟。惠能的修行法門是截然不同的。正如惠能的詩所提問的，如果沒有明鏡，何處惹塵埃？如果沒有空氣，風就不會吹？同樣地，如果沒有鏡子，塵埃（包括不健康的欲望和散漫的雜思）就不會聚集。惠能的詩意味著，在求佛道的過程當中，開悟是多麼的重要。

據說，修心或靈修有兩條路徑。一條稱爲「外修」，是開悟前的修行，這時還沒覺悟我們心的眞正本性。另一條稱爲「內修」，是開悟後的修行，這時已經悟到自己的本性。

在現代社會，很多靈修的方法著重在健康與寧靜，如太極、瑜伽、氣功等。這些練習幫助人平和、專注、安撫人心。這些訓練增強身、心、靈的健康，但是卻不能帶領我們的生命走向圓滿、絕對、不會毀壞的幸福與解脫。這些修煉最終解決不了生死大事，也無法幫我們從輪迴中解脫出來。主要的原因是，這些修煉不是基於了悟我們的眞性爲前提。

內修的修行基於「無我」的了悟。覺悟了空性的實相之後，我們修行的方式變得天壤之別。我們的修行不造作、不費力、自然天成，不會留下業力的痕跡。內修的基礎在於了悟無可修之法，也無可修之人。這是在覺悟眞我之後的修行之道。

受苦的根源在於有「我」。很多狀況，或者環境上的原因讓我們受苦，然而苦的因還是一樣：這個「我」。

開悟是覺悟無我，醒悟到自我的空性。開悟是憬悟到我們不過是五蘊（請閱第三章）不停生、滅的過程，受制於因緣合和，根本無任何實質可言。這層了悟猶如切斷痛苦的根，也從一場沒完沒了、如故事般的夢境中醒過來一樣，這些故事都是由「我」自導自編自演。正如惠能詩中所說，如果沒有明鏡，何處惹塵埃（譬如雜念、欲望，及憤怒）？覺醒之後，我們的雜念和不健康的欲望就沒有立足點（我們的自我意識）；那麼，念頭和欲望就無法生根。

由於我們過去的習性，念頭和欲望會升起，但卻只是短暫的。在覺悟者的內心，這些是無法生根、成長的。念頭升起時，覺者反思一切現象的空性本質，妄想雜念就立刻無影無蹤了。打開燈，黑暗就消失了。有一個禪師把念頭的消散比喻成火爐上的雪花一樣。明心見性以後，念頭升起時，我們可以反照眞我，安住在性空裡。念頭（就像小偷一樣）就不能侵犯我們的心，就好像屋子裡的燈打亮、主人完全醒覺時，小偷是不可能闖進家門的。

開悟之後，禪修的觀照對象改變了。我們更容易耽溺在禪境裡。在見到無我的自性以前，當念頭升起時，我們就回到禪修的觀照對象，不管是呼吸還是身體的覺受上頭。未開悟的人需要鏈條來繫住那顆猴子般的心，才不會胡思亂想。但是，見到自性以後，只要念頭一升起，我們就可以返照、並且安住在自性裡；小偷就不能闖空門了。這個返照的功夫能夠立即讓雜念失去對我們的控制，因爲雜念是從自我意識來的。當我們反觀實相的空性時，所有散漫的雜思就癱瘓無力，無法持續下去了。在禪宗的傳統裡，這個叫做「迴光返照」：將光明導向內，回返到本源。

這就是爲什麼悟後的禪修自然而不費工夫。既然悟後起修更有效率，圓佛教的創始宗師少太山比喻說，這樣來修佛就好像搭乘噴射機一樣。少太山大師把求佛道過程中的開悟比做「學語言時認識字母」一般。他把開悟的人比喻爲「獲得尺和界尺的木匠」。❶

大舉宗法師是圓佛教的第三代宗師。他也說過，修行而未開悟，就好像把樹種在盆子裡一樣；而開悟後的修行好比把樹種在大地裡一樣。既然開悟（或得到般若智慧）在求佛道的過程當中是如此的重要，所以《心經》也說：「菩提薩埵依般若波羅蜜多」，又「三世諸佛依般若波羅蜜多故，得阿耨多羅三藐三菩提」。「依」是梵文 **asram** 翻譯而來的，字面上是「皈依」或「安住」的意思。《心經》上說，不僅觀自在菩薩，連過去、現

❶ *The Scriptures of Won-Buddhism*, 257.

在、未來三世諸佛都要依靠般若智慧來證悟佛性。

獲得般若並不能直接導向證得佛性。悟後還要起修。少太山大師說：

開悟見性就好像有人想學書法一樣。他好不容易碰到一個好老師，他的作品也可當作臨摹的範本。另外一例是，有人想學刺繡，獲得了一個好圖樣。因此，有人見到本性以後，就對自己的覺醒心滿意足，不肯再修了，這就好比那個想學書法的人，得到了好的書法範本後，就停筆不練一樣。也像那個想學刺繡的人，得了好圖樣以後，就什麼事也不做一樣。事實上，悟到本性並不難，最最難的是成佛做祖，因爲成佛須得修行各種善業、累積很大的福報，並且以圓滿、光明、正直的方式善用他的本性，因而獲得了力量與智慧。❷

一個修行者的開悟與釋迦牟尼佛的覺悟比起來可能有深度的不同。最深層的開悟在梵文稱爲阿耨多羅三藐三菩提，字面上的意思是「無上的，究竟的，圓滿的覺悟」，或「至高無上的覺悟」。獲得般若智慧後，我們應該努力修行，以求證得此至高無上的覺悟。

……菩提薩埵依般若波羅蜜多故，心無罣礙……

所有的罣礙都源自於心。所有罣礙的根源都來自於我們的自我意識。恐懼、失望、沮喪、挫折、嫉妒、驕傲、自卑，還有其他的障礙，都來自一個「我」。覺悟到自我及一切現象（諸法）的空性本質後，自我的觀念就消失，之後，所有的障礙也就消失了。（請參閱第三、四章）。

慧忠禪師說過：「只要尚有一微小法在，便有障礙。但心與世界具屬性空。無論我們如何造作、起心動念，什麼事也不曾發生，又何以有罣礙呢？」❸

他又進一步說下去：「痴妄的人執著五蘊、十八界的存在，因而障礙了他們的本性，見不到自性的光明。這就是所謂的『無明』。一旦他們發現他們心性的本質，覺受的根塵也就成爲空性了，意識也停止了操作。如此，怎麼會有罣礙呢？」❹

清邁禪師說：「諸法內外皆空。人們的智慧之眼不應被存在的本質所遮障。」❺

❷ *Additional Discourses of Venerable Sotaesan*, 61-62.
❸ Red Pine, *The Heart Sutra*, 134.
❹ Red Pine, *The Heart Sutra*, 112.
❺ Red Pine, *The Heart Sutra*, 134.

……無罣礙故，無有恐怖……

既然我們所有恐懼的根源是這個「我」，開悟之後，我們的自我意識以及所有的罣礙都消失了，包括恐懼也是一樣。

人如果想得到一個很難得到的東西時，就會變得害怕起來，不管這東西是物質的，或是社會地位、更好的身體，乃至開悟的經驗。當我們覺得有所欠缺時，恐懼也會升起。英文的「want」意指缺少某物。當我們了悟到我們無所欠缺、具足圓滿時，這個「want」就消失了。

當我們的自我意識和佔有的觀念消失時，恐懼也就完全消失了。所有的障礙都消失了，我們也了悟自身的圓滿無缺，之後，那不可摧毀的快樂及自由就油然升起。根本無果可修、無可改進；我們與宇宙無二無別，宇宙中萬事萬物無非我們所有。開悟所導致的平和是無可破壞的。

……遠離顛倒夢想，究竟涅槃……

有一個教授佛法的老師，他指導一個心理療法的實習生。他寫說，他有一個精神病人這樣說：「我是太陽，你們都是繞著我運行的行星。」那樣子的妄想跟我們的思考及生活方式其實沒有兩樣，因爲我們的想法及行爲一直都是基於「我」而出發的。

從前在中國有一個皇帝，他的精神老師是修苦行的。國王入侵鄰國之前，都會與他的將軍商討戰略。清晨上前線之前，他問精神老師：「尊敬的大師，今天吉祥嗎？」苦行者回答：「陛下，如果今天對我們是吉祥的，對敵軍就是不祥的。」

一個離婚七次的男人對他的朋友說：「你會不會覺得很怪？我居然碰到同樣的女人七次之多？」正如行星繞著太陽轉，我們的生命也是繞著自我的觀念打轉的。

各式各樣的妄想都源於自我的觀念。「妄想」是梵文 vipa ryasa 的翻譯，字面上的意思是「逆轉」或「顚倒」。

正如凹凸鏡無法準確的反映影像，以自我爲基礎的念頭也總是 vipa ryasa，顚倒妄想。既然體悟無我可以消溶自我感，所有的顚倒妄想、罣礙、恐懼都自動在開悟後消失了。這就是爲什麼獲得般若智慧後可以直接導向涅槃。

……三世諸佛依般若波羅蜜多故，得阿耨多羅三藐三菩提……

有一年夏天我還住韓國的時候，我前往機場準備飛往美國。在機場的時候，我發現護照在一年前就過期了。我已經買好機票，去美國出差的，可是顯然去不成了。就像沒有

有效的護照，我飛不了美國，同樣地，少太山大師說過，不開悟的話，就無法從輪迴解脫、入了佛性。❻

沒有獲得般若智慧，我們的修行就沒有效率，受到侷限。

有一天，我還在韓國首爾禪修中心工作。我用抹布擦拭禪堂的地板。儘管我已經抹過地了，還是有味道，因爲抹布本身不乾淨。相同地，沒有了悟自性的本質，我們的修行就不圓滿、不健全。這就是爲什麼在臨濟宗的傳統裡，開悟前的修行叫做 o-ryun-soo，意思是有染污，或誤導的修行。

在佛教的修行裡，修行者都被告誡要空其心，或淨化其心。但是，如果沒有看清自心的空性本質，還是很難放下雜念和欲望。然而，當我們了悟眞我，我們的實修就變得不費力氣，自然天成、極有效率。大舉宗法師說，當雜念及欲望升起時，一個覺悟者會把它們撣走，就好像撣掉皮衣上的灰塵一樣。另外一位佛教法師的譬喻是如水滑下葉子一般的（讓煩惱溜走）。

正如捕魚需要漁網，修行者也需要了悟無我以達佛性。沒有獲得般若智慧的話，我們永遠無法切斷痛苦的根，也就是「自我」。

因爲開悟是證得佛性的基礎，所以《心經》上也說，觀自在菩薩和三世諸佛都是依般若波羅蜜多而證得無上正等正覺。

因此，修行者應該努力修行，以期開悟，而且悟後還要持續修心，直到佛性顯現。這是一條普世大道。德清大師說：「不僅菩薩依般若而修，三世諸佛也無不依般若而證得無上、圓滿的覺悟。」[7]

般若波羅蜜多，智慧波羅蜜多，是諸波羅蜜多的總集，同時也影響其他的波羅蜜多。如果沒有般若波羅蜜多，就無法圓滿其他的波羅蜜多，其他的波羅蜜多也無法運作良好。舉例來說，如果沒有般若的指導，布施波羅蜜多就無法圓滿，也不眞實。下面這則故事說明了這個原則：

> 有一個富人在荒年時，賑濟了他的窮鄰居一些米糧、錢財之後，就很希望受到歌功頌德。村民商討之後，給他立了個石碑，但是富人不滿意，所以他又花了更多自己的錢，立了一個新的石碑，又加蓋了一個很大的石碑亭子。村民們

---

❻ *The Scriptures of Won-Buddhism*, 280.

❼ Red Pine, *The Heart Sutra*, 143.

覺得他的行爲很荒唐，所以對他就有諸多批評、攻擊的言論。

金光浊聽到這件事，就在一個談論會上把它提出來。圓佛教的創始宗師聽了之後說道：「這眞是一部活經書，警告這些苦苦追求名譽的人。雖然那個人這麼做是爲了提高他的聲望，結果把原先的聲名也都賠掉了，怎麼說得上提高聲譽？如此一來，愚蠢的人求名聲，反而破壞名聲；聰明人不刻意追求聲名。他只是做了適當的行爲，巨大的榮譽自然歸向他。」[8]

開悟之後的布施波羅蜜多變得純淨，不留下任何傲慢自大的痕跡。開悟者的布施是不帶有任何自我觀念的。在覺悟者的心裡，沒有布施者、布施物、接受者。此稱爲三淨（三輪體空），是眞布施也。

菩提達摩曾經告訴他的弟子：「凡入眞實境界的就無吝嗇可言。修行者布施他們的身體、生命、財產，無悔無憾、沒有布施者的虛榮心、也沒有布施物和接受者，沒有偏私、也沒有執著。」[9]

相同地，覺醒之後，可以以更完美的方式修習「精進波羅蜜多」。你會在寺院或閉關的場所找到一些大我慢者。這些修行者也許認爲自己比一般人都還要神聖，因此就變得好評判、心胸狹窄。我在教堂和寺院裡看過一些好批評的宗教信徒。

開悟的修行者在修行的時候，不會有一些停滯不去的想法或感覺，認爲自己「在修神聖的法門」。

如上所討論的，般若波羅蜜多是所有波羅蜜多的藍圖。作家赤松說：「波羅蜜多是舵，十分精巧，能夠給予船隻方向……。因此，修習波羅蜜多的菩薩啓程了一個最偉大的航行，航向解脫的彼岸。[10]」

法藏法師說：「般若是『體』，意思是『智慧』，是對於極玄微神秘領域的精神覺醒，也是對於眞源的妙悟。波羅蜜多是『用』，意思是『到彼岸』，意即使用這妙智慧來超越輪迴，完完全全的超越它，而到達眞空的境界。[11]」

韓國正道閉關中心有一個小池塘。這個池塘在中心剛剛開幕時，還惹來一些麻煩。譬如說，乾旱時，人們須得提水去把池子裝滿。雨季時，池水又變得渾濁不堪。有一天，

---

❽ *The Scriptures of Won-Buddhism*, 229-230.
❾ Red Pine, trans., *The Zen Teaching of Bodhidharma*, 7.
❿ Red Pine, *The Heart Sutra*, 54.
⓫ Red Pine, *The Heart Sutra*, 54.

終於發現了一道泉水，把它接到水池以後，所有的問題就全部消失了[12]。

般若就像那道泉水。正如同泉水注滿池水，將其淨化；我們的般若、我們那無窮的智慧也會給我們的修行提供源泉活水，並且淨化我們的業障。

森林大火常常始於星星小火。般若，我們內在智慧的光，在我們修行的初始，或許不像太陽的光芒，但是它會越來越亮，最後會驅逐我們無明的黑暗。

當圓佛教的教授師勤習（Gun-Su）第一次加入這個團體的時候，鼎山大師給他取了這個法名，意思是「勤奮修習」，要求他努力修行，不僅在開悟前，開悟後更是如此。

大舉宗大師曾說過，如果一個修行者以小善、小智而自我滿足，那個過失比殺、盜、淫還嚴重。[13]

修行者應該全心努力，下工夫取得般若。獲得般若智慧後，修行者應該繼續努力，以達大徹大悟。

[12] Hahn, *Happiness which Increases as We Practice*, 10.
[13] Daesan, *The Essence of the Won Buddhist Canon*, 153.

14

究竟的解脫之歌

佛法大海，唯信能入。——佛陀

故知般若波羅蜜多是大神咒、是大明咒、是無上咒、是無等等咒，能除一切苦，真實不虛。

《心經》以上面的文爲結語，而以般若波羅蜜多咒進入尾聲：揭諦、揭諦、波羅揭諦、波羅僧揭諦、菩提薩婆訶。

咒語是充滿力量的音節，或一連串的音節，代表究竟實相，顯現某種宇宙力，或諸佛的某些面向。咒語顯現出宇宙的眞理。在中文裡，咒語又稱「眞言」，意思是眞理的語言。因爲究竟實相或宇宙的眞理是完全神秘又深奧的，很難用任何方式描繪得出，因此，咒語便成了一種表達究竟實相的方式。

作家赤松是如此描繪咒語的：「在古印度，很多思想流派都保存下來，或者至少也尊敬這樣的觀念：聲音的震動是構成實相的究竟元素。」❶舉例來說，「唵」（aum）據說是宇宙最初始的聲音，是一切事物初始的聲音，是究竟實相。咒語是究竟實相的代表，同時也是道，能通往究竟實相或宇宙眞理。

拳擊手跟對手拳鬥時，人會變得很累，所以他的教練小心翼翼，在中場休息時，話盡量不多說。教練通常只會用幾個關鍵字，比如：「用左拳」或「注意他的勾拳」。如同教練用簡單的詞句，佛陀常常把教義總集在咒語裡。這是一種高度簡化的眞理，方便讓一般的修行者了解佛法、運用佛法。許多大乘佛教經典都以咒語作結。《心經》用下面經文來解釋並且頌揚這個咒語：「般若波羅蜜多咒是大神咒、是大明咒、是無上咒、是無等等咒……」既然般若波羅蜜多咒代表究竟實相，亦即佛心，或有情眾生的本性，這句經文指的就不只是般若波羅蜜多咒，而且意指諸佛的心（我們的本性）也是偉大、無上、無等等、無以倫齊的。最後，《心經》以般若波羅蜜多咒作結。

慧忠禪師說過：「咒語不過是一個人的心罷了。這些字句直指心地，故稱爲般若波羅蜜多咒。」❷

❶ Red Pine, *The Heart Sutra*, 156.

❷ Red Pine, *The Heart Sutra*, 155.

……是大神咒……

「大神咒」是梵文 mahamantram 的翻譯。般若波羅蜜多咒——也是究竟實相——的第一個特色就是 maha，這個梵文字意思是「偉大」。在伊斯蘭教裡，他們高呼「阿拉 阿克巴」（Allah Akbar），意思是「眞主至大」。根據《聖經》，上帝的本質是偉大的：

耶和華本爲大，該受大讚美！其大無法測度。

——〈詩篇 145：3〉

在圓佛教裡，「一圓」代表究竟實相或宇宙眞理。一圓的特質是大。下面這則維摩詰居士房間的故事正可說明我們心量的偉大本質。

維摩詰是印度人，他是一個證悟很高的居士。佛陀還不時地派遣上根的弟子去跟他請法。他的房間據說有些奇怪的特徵。十個訪客容得下，一百個訪客也容得下。據說最多一次曾容下三萬兩千名訪客。

他的房間象徵究竟實相，也就是我們的心，其大可以無限如宇宙，其小可如微塵。在休休庵的〈坐禪品〉裡，德異禪師論述，心「廣大無邊，含容無際；心量細微，入無內之處。」❸當我們的心覺醒、心量打開時，可以結合宇宙或絕對眞理，如同諸佛佛心一般偉大，也同等虛空一般的純淨。

……是大明咒……

「明」（enlightening）是梵文vidya的翻譯。vidya從字根vid而來，意思是「知道」「了解」「感知」（相反詞是avidya，「無明」的意思，在第九章曾詳細討論過）。英文常把vidya翻譯成「清楚」「明亮」，或「清晰」。而中文版的《心經》把vidya翻譯成「明」，是「明亮」或「清楚」的意思。「明」的中文字有兩個部份：左邊是「日」（太陽），右邊是「月」（月亮）。

沒有光的話，我們不能看東西，會辨識不清。在英文裡，當我們說我們看到了（we see），通常是我們知道的意思。「明」就是般若，就是發自我們本心的內在光。「明」是宇宙的清明覺知。這個宇宙性的覺知或明亮也就是我們的本心，由千眼的觀世音菩薩所象徵。佛教裡的華嚴宗以大日如來當作究竟實相的人格表徵，也就是「偉大明亮的佛陀」。

這個光明或清明覺知正是我們的眞我。很多禪修者進入甚深禪定時，都體驗了這個光

---

❸ Chung, *An Introduction to Won Buddhism*, 62.

明。修行者如果恢復本心，就會像大日如來一樣的明亮而清晰。唱誦般若波羅蜜多咒會把我們帶到那個明亮或光明。

既然般若波羅蜜多咒是大明咒，有驅除黑暗或負面能量的功用，持誦此咒或整部《心經》，或讀誦《金剛經》，能夠喚起宇宙或絕對眞理的力量。

……是無上咒，是無等等咒，能除一切苦……

此句經文也是稱誦般若波羅蜜多咒。它的意思是，不僅般若波羅蜜多咒是無上的，是無與倫比的，我們的本心也是如此。這段經文意指，沒有其他文字、沒有他方神明、沒有任何眞理，可以超越般若波羅蜜多咒，或究竟實相。

修行般若波羅蜜多可以轉化我們，成爲大而明的眾生。當我們獲得般若，與眞理連結，我們發現自己已經從所有的苦厄裡完全解脫出來。正如《心經》所說：「觀自在菩薩，行深般若波羅蜜多時，照見五蘊皆空，度一切苦厄……菩提薩埵依般若波羅蜜多故，心無罣礙……究竟涅槃。三世諸佛，依般若波羅蜜多故，得阿耨多羅三藐三菩提。」

既然阿耨多羅三藐三菩提（開悟），亦即悟無我，是驅除黑暗自我、剪除痛苦根源（「我」）的唯一大道，那麼，通往開悟的般若波羅蜜多咒，便可以「渡一切苦厄」了。

般若波羅蜜多能消溶自我，把我們從幻夢裡敲醒過來，讓我們從生死輪迴裡解脫出來，所以是一條大道，我們依此行去，便能永遠的免於一切苦厄了。

……真實不虛……

這句直接了當，講的就是，究竟實相或般若波羅蜜多咒是眞的、實的、不是假的、非不眞的。

這句話也指佛陀話語的眞眞、實實，特別是《心經》的教義。這些話是從「信」的觀點來談的。如果我們開悟，可以用自己的眼睛來看清實相，那麼，我們就無需這些詞句，要我們信或不信某事。換言之，成等正覺是最佳、最偉大的「信」。話說回來，未悟的行者需要一個信念、一個嚮導，或佛法。執是之故，佛陀說了這樣誠摯的話，讓我們得以完全信任他的教導，信心滿滿地踏著穩健、堅定的步伐，邁向涅槃。

究竟實相是秘不可測、深奧難解的。宇宙眞理通常有違我們傳統的信念。從科學的角度來思考一下這個問題。不久前，宇宙大爆炸理論、宇宙還在擴張的概念，這些才被證明是眞實的，也是我們的常識不容易接受的。可是根據現代物理學，事實上，宇宙以及所有的銀河系、群星都始源於無限小的灼熱體，小到比一粒微塵還小。另外一個例子是愛因斯坦的理論。他的拋物曲線和時空連續體理論，對於絕頂頭腦的人而言，都是極爲費解的，但也都被證實了。根據他的理論，如果有人開槍了，要是那顆子彈無限地射行，最後會打到那個人自己的頭。

有無數的眞理和我們的常識是相違背的。就這點，耶穌曾說：

如果我告訴你世間的事，你都不信了，教我如何跟你說天堂的事呢？

——〈約翰福音3：12〉

既然究竟實相對未悟的凡夫來說難以理解，當耶穌教導一個眞理時，他都要一直跟他的信徒再三肯定：我眞眞實實地跟你說。

佛陀在《金剛經》裡也強調，他所言不虛、不誇張、是眞實語：

須菩提，如來是眞語者、實語者、如語者、不誑語者、不異語者……

須菩提，若善男子、善女人，於後末世，有受、持、讀、誦此經，所得功德，我若具說者，或有人聞，心即狂亂，狐疑不信。須菩提，當知是經義，不可思議，果報亦不可思議。

當你登上飛機要飛往別的國家，你必須信任機長。同樣地，修行者步上了學佛大道以後，就必須相信佛陀的言說。

修行可以比喻作開車，去的目的地不熟悉。在上路以前，我們需要一張精確的地圖。地圖就是佛法，是爲了引導修行者抵達涅槃。地圖也像佛的言說，他是畫圖者，因爲他已實際走了一圈。

我們生命中很多決定都是源自於某種信念。就是那個信念在指導我們生命的開展。我們所相信的決定了我們的命運，以及社會的命運。[4]就像農夫很愼重選擇種子，修行者的信念在他踏上佛道時，扮演著重要的角色。沒有強烈的信心做基礎，修行就無法得力。[5]

佛在《華嚴經》裡說，佛法大海，唯信能入。

---

[4] Chwasan, *The Principle of Belief and its Power,* 13-14.

[5] Ibid., 78. See also chapter 3 of *The Principle of Belief and its Power* for a more detailed explanation of the importance of having a sound belief and selecting our beliefs wisely.

圓佛教創始宗師少太山說：

宗教團體會檢視修行者的信念和奉獻心，原因在於信念是盛裝佛法的容器，驅策行人除疑慮，同時也是守戒之基。修行而無信念，就好像爲一棵枯死的樹木施肥，終將一無所獲。因此，首先你必須建立眞誠的信念，這樣才能實現自我。在教導別人時，最大的功德便是對無信者建立信心。❻

就像嬰兒躺在母親懷裡時是完全相信媽媽的，修行者也須完全地信任佛陀及法師的言教。

當修行者完全相信佛法及上師時，他們的心、智與上師結合，不再有任何疑慮，那麼，這個信仰的程度在圓佛教裡稱爲「特信」，也就是「特別信仰」的意思。

圓佛教第三代宗師大舉宗法師說過，從「特信」的階段，無上正覺的根就已深植在修行者的心裡。從此修行得力，進展神速，開悟可期。在佛教禪宗的傳統裡，這個階段稱爲「一蹴可及」，就是說，再跳躍一下就可抵達佛境。「信」有時又稱爲「信根」。這兩個詞常交換使用，因爲信是所有修行者修行的基礎，就好像根是樹木的基礎一樣。

就像根會不斷生長，我們的信心或信仰也會成長、強化。我們越了解佛法，我們修行得越起勁，就越常與法師和法友在法上相見，我們的信心也就越來越加深、越堅定。所有的修行者都需要依靠研讀佛法及精神修持，來不斷地培植、長養信心。我們現在來反省一下，我們的信念是不是不動搖、是不是很「特信」？

鼎山宗師說：

信根的深淺因人而異。如果你被各種理論和主張所吸引，自己本身沒有主見，隨處動搖，隨心所欲，因而毀了自己的生命，那麼你的信根就像落葉一樣的飄搖不定。如果你對正法有堅定的信念，小小的逆境不會動搖你的信心，但是大的困境一來，就挺不住了。雖然你沒有因此而墮落，但是你的信根就只能算像樹木一樣。如果你的信是如此之深，任何境界或困境都無法動搖，也不會掉進因罪過而起的痛苦深淵裡，因爲你的良心一直主導著你，那麼，你的信根就像高山一樣的屹立不搖。[7]

---

[6] *The Scriptures of Won-Buddhism*, 347.

[7] Chung, trans., *The Dharma Master Chongsan of Won Buddhism*, 151.

15

你一直在尋找的就是你自己

尋求真理的人啊，你應該放下世間的誘餌。——佛陀

故說般若波羅蜜多咒，即說咒曰：
揭諦、揭諦、波羅揭諦、波羅僧揭諦、菩提薩婆訶。

佛法的精要盡在般若波羅蜜多文學，而這些經典又濃縮成《心經》。如上一章所討論的，《心經》以般若波羅蜜多咒作結：揭諦、揭諦、波羅揭諦、波羅僧揭諦、菩提薩婆訶。咒語的意思是：「去吧！去吧！到彼岸去吧！大眾一同到彼岸去吧！現在就覺醒吧！」由此可見，這個咒語不僅是《心經》的終曲，同時也是整個佛法的總結。

我媽媽還是小孩子的時候，韓戰爆發了。北韓軍隊迅速地佔領國家的很多地方，而且很快地朝南前進。祖父遂決定前往最南方的港都釜山。離鄉背井是很艱難的，他憂心忡忡，因爲他要帶六個小孩，而我母親是老大，當年十歲。她的父親知道，路上滿是難民，最讓他害怕的是丟失小孩。祖母須得背著三歲大的男孩，胸前還要緊緊地抱著一歲大的嬰兒。空著的手也要抓著他們丟不起的袋子。祖父要求我媽媽做很多事情：雙手拉

著她的弟弟（一個六歲，一個八歲），記得不要喝髒水，還要不時查看口袋裡的錢是不是還在，這個錢是以防萬一他們走失了而給她的。他要求我母親重複這些指令很多次，直到她熟記為止。

難民那個排山壓海的數量著實讓他吃驚。他看了馬上降低了指令的數目，不要我媽媽記那麼多。他說：「你就記住，不要放開弟弟的手！不要放開弟弟的手！」那段逃難行程裡，他就只要求我媽媽那樣，因為他很害怕丟了家人。

就像我祖父單一的囑咐，般若波羅蜜多咒也是佛陀最後的叮嚀：「你可以忘了我所有的教法，就是不要忘了這個。」

每當我念誦《心經》，特別是這個咒時，就會想起祖父對我媽的交代，也會憶念佛陀和觀世音菩薩的大慈大悲。般若波羅蜜多咒正是佛眞正要跟我們說的；這是對我們眞正重要的話。

佛陀與觀世音菩薩成等正覺後，所獲得的普世眞理或智慧，化成了一首詩歌、一句咒語：揭諦、揭諦、波羅揭諦、波羅僧揭諦、菩提薩婆訶。

般若波羅蜜多咒既是通往開悟的大道，本身也是眞理，是諸佛所證悟的眞理。一般習慣的做法，咒語的意思是不翻譯的，就像「哈里路亞」是不翻譯的。但是，爲了學術上或解釋上的理由，此咒語可以翻譯如下：揭諦意指「去」，波羅揭諦意指「去彼岸」（波羅的意思是「越到對岸」）。介繫詞「僧」（sam）是「和」或「一起」的意思。因此，波羅僧揭諦是「大眾一同到彼岸去」。菩提是「覺醒」或「開悟」的意思，薩婆訶是嘆詞，類似「阿門」或「哈里路亞」。（印度教的祭司在吠陀儀典的高潮時，也說「薩婆訶」，特別是在火祭的時候。）薩婆訶表達祈願，希望能滿先行詞裡面的願，如同在說：「說得好！」或「就這樣吧！」意思也可以是「現在覺醒吧！」或「喔，多麼殊勝的覺醒啊！」所以，整個說來，揭諦、揭諦、波羅揭諦、波羅僧揭諦、菩提薩婆訶意思就是「去吧！去吧！到彼岸去吧！大眾一同到彼岸去吧！現在就覺醒吧！」

同時也注意到這裡所用的時態。咒語並沒有這樣說：「讓我們去吧，讓我們去吧，讓我們一起去彼岸吧！」而是說：「去了吧！去了吧！已經去到了彼岸吧！大眾一同去到了彼岸吧！」用的是過去完成式。這個意指我們已經在那兒了。我們無需奮力才能到達彼岸。既然我們已經圓滿、完美、完整、一無所缺，我們的任務不過是保持全然的覺醒罷了。

眞實的狀況是，根本無人可去，無處可去，無法可得。

般若波羅蜜多咒意味著，當下就是涅槃。我們已經在公車上，沒必要還在站牌處等著。讓我們從這場夢境裡醒過來。讓我們回到當下，當下就是涅槃。

當我們醒過來，回到目前這個瞬間所成的實相，覺性的花朵就開了。因此，如醍醐灌頂的這句話：揭諦、揭諦、波羅揭諦、波羅僧揭諦、菩提薩婆訶，意思是「讓我們全然醒覺於此刻當下吧。讓我們正念分明，曉了涅槃就在此處當下」。

人類老是不停的移動著，老是要去哪裡——「娑婆世界」字面上就是「不停流動」「流轉」的意思。我們去上學、上班、去超市、諸如此類的。即便是禪坐時，心還是四面八方地去。等到心終於肯回到肉身時，我們已經垂垂老矣，行將就木了。

韓國懶翁惠勤禪師小時候，有一個極要好的朋友過世了。他傷心欲絕，跑去問村裡的長者，他的朋友去哪兒了？長者回答：「我不知道。」全村裡的人都說同樣的話：「我不知道。」這樣的情況促使懶翁惠勤要去尋找一個超越生死的東西。他朋友的死激發懶翁惠勤走上精神的道路。

我們從何處來？往何處去？我們的心此刻要去哪裡？我們生命的終點站在哪裡？

法磬禪師為中國皇帝的國師。有一天，法磬禪師與皇帝以及大臣遊湖畔時，看到很多達官顯要的豪華船隻。皇帝驚嘆：「湖上的船好多唷！」站在皇帝旁邊的法磬禪師回

答：「陛下，只有兩艘船在那邊。一艘爲名來，一艘爲利往。」❶

佛陀降生時，他的父王爲他取名悉達多，意思是「目的到達的人」或「滿他所願的人」。當佛陀看到人類處境的痛苦和缺憾時，他在心中發願要去發現恆常的眞理或快樂。那樣的願心驅使他離開皇宮，去尋求絕對而永恆的快樂。

區別暫時和永恆的快樂（也就是解脫）是很重要的。圓佛教的創始宗師少太山就清楚的區分世間暫時的享樂和淨土永恆的快樂：

> 世間的快樂無法持久；來是去的開始，興是衰的因，生是死的因。這是自然法則，普世皆同。在老、病、死之前，財富與聲名不起作用。眾生執著萬分的老婆、孩子、財產、地位、在死亡面前不過如過眼雲煙。淨土般的快樂起源自無相的心。因此，即使你的身體已經轉化爲另一個形式，快樂還是會永遠持續下去。這裡有個故事可以比喻。故事說，一個才華洋溢的人即使搬到另外一間屋子，仍舊才華洋溢。❷

幾年前我還在大學教佛法及禪修時，一個學生說：「柳教授，我寧願有一個快樂的人生，也不要辛苦地去求開悟或見佛性。」爲了解釋暫時的快樂，相對於永恆、絕對的快樂，我要求他讀上面的引文。

有一個人英年早逝。他站在上帝的面前，問道：「你爲什麼沒有事先通知我一聲？」上帝回答：「你難道沒有看到身邊的人怎麼老、病、死的？」當我們的頭髮開始變白、視力聽力減退時，我們就應該開始準備死亡的事了。

有些人說他們太忙，沒時間精神修行，對於修法常常一延再延。然而等我們老的時候，我們既沒有體力練習禪定，也沒有清明的頭腦研讀佛法。所以，精神修煉最好越早越好。

所有食物的保鮮期都是有限的，過了期限就再也不能吃了。同樣地，只有我們生而爲人，並且遇上佛法，才得以修行，並有機會獲得開悟。

佛陀在《法句經》第一百八十二首詩裡提到：

得生人道難，人生長壽難，聽聞佛法難，值佛出世難。

---

❶Jang, *Hill of Freedom*, 88.

❷*The Scriptures of Won-Buddhism*, 269-270.

很多法師都說人身難得。我深切感受這一點，是在我搬進去圓研究所的學生宿舍時，那是非常老舊的房子。我們剛剛搬進去時，發現有很多蜈蚣，特別是在地下室。每當我到地下室，打開燈時，在地板上至少會看到二十幾隻蜈蚣。我會去抓，把牠們放到外面去。雖然我們往後兩年經常打掃並且煙熏消毒地下室，還是一打開燈，就會看到很多蜈蚣。那時我了解，那棟建築物內的蜈蚣數目，大概比居民高出幾十倍之多。又想到那裡還有別的昆蟲，把那些節肢動物合起來算，總數大概比住在那兒的人高出上百或上千倍之多吧！

眞的，能生而爲人，機率是何其稀少而彌足珍貴！少太山大師說過：「你們遇見我，就好像盲人握到門把一樣。既然你們已經握到了，最好牢牢把握著，一旦不小心失去了，就很難再握持得到。」❸

我們不應該失卻這個寶貴求道的機會，或一延再延，這樣我們才能發現我們的眞我。我們現在就得踏上這條精神之旅。印度聖者兼神秘主義詩人卡比爾說：「如果你活著無法跨越，死的時候又如何跨越得了呢？」

我們人類都是心理有問題的病人。我們的心沾染貪、嗔、嫉妒與無明。因爲這樣，我們無法善用我們的心，無法隨心所欲。就像病人急欲出院一樣，我們需要得到般若智慧，隨而獲得心的自由，這樣我們才能解脫輪迴。

我們的生命像學校，我們像學生，需要學好才能畢業。因爲我們被賜與生爲人身、得遇佛法這樣難得的機會，我們應該精進修行，以期從生死輪迴中畢業。

從前有一個印度人，他很早就拿到博士學位。當他回到家鄉那個靠海的、又窮又小的村莊時，很多人都出來歡迎他。他爲不識字的村民開班授課，以提高他們的教育水準。

有一天，他問一個老漁夫學生：「你有聽過氣象學嗎？」老人回答：「老師，我以前沒聽過這個詞。」那個驕傲的年輕博士驚嘆：「你是漁夫，卻對氣象學一無所知！多可惜啊！你的生命簡直浪費了許多年。」

幾星期過後，年輕人開始教海洋學。開始上課的時候，他問學生：「你們有沒有聽過海洋學啊？」那個老漁夫再度回答：「老師，以前我也沒聽過這個。」「你這話是什麼意思？」博士又驚呼一聲：「你住在海邊，但卻不知道海洋學。你簡直浪費了半輩子。」

他演講到一半時，一個男孩衝進教室，大聲叫喊：「海嘯來了！海嘯來了！再幾分鐘就到這裡來了！」每個人都很驚慌，趕快要衝出去。漁夫問老師：「老師，你會游泳

---

❸ *Additional Discourses of Venerable Sotaesan*, 28.

嗎？」「不會！」那個焦急的博士說道。「老師，你已經浪費了你整個一生了。」老人一面回答，一面離開建築物。

在我們的生命裡，有很多迫切的待辦事項，而最重要的是什麼呢？只要人們希望得到永恆、絕對的幸福與自由，那麼，沒有什麼比獲得般若、修行見佛性更重要的了。

有關生死大事，少太山大師經常跟學生講「慢包」（Mung Bau）的故事。韓文的「mung」是「笨」，而「包」是很常見的男僕名字，是「岩石」的意思。有一天，慢包替一個有錢人打掃庭院，看到他的朋友要外出。他的朋友也是一個僕人，替另外一個貴族家工作。他問朋友：「你要去哪兒？」朋友回答：「我要去市場。」慢包想要跟朋友聚聚，所以就一起去市場了。

房子的主人找了慢包一整天，就是找不到人。黃昏時，慢包回來了。主人問：「你去哪兒了？」慢包回答：「去市場。」「去市場買什麼？」有錢人問。「我什麼也沒買。因為朋友要去，我跟他一起去。」富人嘆了一口氣：「你去市場時，應該告訴我一聲，跟我說幾點回來，要去買什麼？我從來沒見過像你一樣的笨蛋！我現在要把這根木棍綁在你的皮帶上，用意是提醒你有多白痴。當你看到有人比你更笨的，你就可以把這根木棍給他。」

慢包發現那根棍子懸在腰上還挺累贅的，但是既然是主人的命令，還是一直掛著，並且不時地物色可以接棒的人選。

有一天，那個有錢人老了，病得很重，遂請醫生來。醫生檢查了富人，說他根本沒有復原的希望，說他快死了。在他彌留之際，所有的家人都來看他，連僕人都叫過來了。主人說他的臨終話語時，每個人都哭了。老人對慢包說了很多感謝的話，慢包很難過，因爲這就是最後一面了。他哭著問老人：「主人，您要去哪兒呢？」主人回答：「我不知道。」慢包又問：「您什麼時候離開呢？」老人回答：「我不知道。」慢包又問了一句：「您知道您什麼時候回來嗎？」主人用力地回答：「我一點也不知道。」慢包突然大叫一聲：「主人，今天我終於找到比我更笨的人了！現在這根棍子是您的了！」

正如士兵丟了武器就非常慌張絕望，我們所有人也一樣，如果不知生從何處來，死向何處去，我們也應該感到慌張絕望。最可憐就是不了解這個道理，不認識自己本來面目的人。孔子說：「朝聞道，夕死可以。」

在韓國，如果有人善用一生，老年才壽終正寢，這樣稱爲「好喪」（ho-sang），意思是「吉祥而終」。但是，如果不能悟得眞我，幾歲過世都是沒差別的。

想想，我們的修行是需要花時間、流血流汗的，所以我們的活動就要排出先後次序，並且以佛法為先。佛教的大師說過：「當勤精進，如救頭燃。」好像你的頭和頭髮著火一般，努力修行。

現代的我們各個忙碌，不管上班、上學皆然。但是，我們也要反省一下，為什麼我們會這麼忙碌？我們是忙著浪費心神精力，還是忙著凝神聚精？

有一天，一個禪師發現他的一名弟子忙很多事，就是不專心修行。禪師要他拿個水桶，先搬一大堆石頭、一大堆碎石、再搬一大堆沙子過來。禪師要弟子把沙子先倒進水桶裡，再把碎石倒進去，最後再把石頭倒進去。弟子把沙子和碎石倒進去以後，發現水桶再沒有空間容納石頭了。

隨後，禪師要求弟子把水桶清空，再把大石頭先放進去，然後是碎石，最後才是沙子。弟子依著次序放，他發現倒進碎石時，很容易在石頭間隙安放妥當。等到最後把沙子倒進時，又很自然地鑽進石頭與碎石之間了。

經由這樣的示範，禪師教導弟子做事要有先後次序，而且要挑重點做，也就是要以他的禪修優先。

我們應該想想生命中的大石頭。你生命中最重要的是什麼？你的優先考慮是什麼？眞的有需要釐清一下重要跟不重要的事情。

《法句經》第十一和第十二首這樣說：

非眞思眞實，眞實見非眞，邪思惟境界，彼不達眞實。

眞實思眞實，非眞知非眞，正思惟境界，彼能達眞實。

圓佛教第二代宗師鼎山大師說：

有一隻鹿愛她那宏偉華貴的鹿角，卻覺得自己的腿難看，很丟臉。有一天，她被獵人追捕，在樹叢裡逃命。她那宏偉華貴的角障礙她的逃亡，但是她那難看的腿卻跑得很快，救了她的性命。雖然這不過是個寓言，如果我們好好反省我們自己，我們可以說，這是世界的寫照，很有警世的意義。❹

❹ Chung, trans., *The Dharma Master Chongsan of Won Buddhism*, 181.

韓國有一個很有名的百萬富翁，他六十幾歲時動手術，移除一顆癌症腫瘤。從幾年罹患癌症以來，這已經是第三次手術了。手術後，他問主治醫師，手術情況怎麼樣？他復原的可能性怎麼樣？醫生坦白地告訴他，因爲癌細胞擴散到範圍很大，這次要完全復原是很難了。雖然早就料到這樣的結果，富翁還是很沮喪。爲了打起精神，他到浴室刷牙、洗臉。當他拿起牙刷時，他有很深的領悟：他離開世界的時候，即使連這根簡單的牙刷，他都帶不走。

少太山大師說：

不管一個人一輩子存了多少糧食和金錢，臨終時什麼也帶不走。我們帶不走的東西怎麼可能算是永遠地擁有呢？如果我們想創造永遠的擁有物，我們必須盡可能地利益他人。但是我們這麼做時，千萬不要有我在利益他人的念頭，想要從中累積無漏的功德。我們眞正的、永恆的擁有是對於正法的誓願，以及爲了培養這個誓願，所展現的心力。經由不間斷的努力，投入誓願及修心中，我們終將在無限的世界裡，成爲功德與智慧的主人翁。❺

鼎山大師說：

朝生暮死的生物只能見到一天的日子，螳螂只能見到一個月的時光。是故，朝生暮死的生物不知有月份，螳螂不知有年歲。無明的眾生眼前只看到這一生，不知道有永生，但是佛菩薩看得到永恆的生命。因此，他們做的都是長遠計劃，致力於最根本的事情。❻

我們說藝術是永恆，而生命是短暫的。修行者應該眼光遠大，做的是長遠的事。只要我們了解，生命是無限開展的，我們就非修學佛法不可。我們對永恆生命的了知，會直接連結到精神的修持。

中國很早就認識火藥，一向用來做煙火，供小孩子玩耍用。是後來蒙古人把它用來征服世界。我們都有相同的基本資源，但是在生命中，我們將如何使用這些資源呢？

---

❺ *The Scriptures of Won-Buddhism*, 328.

❻ Chung, trans., *The Dharma Master Chongsan of Won Buddhism*, 107.

少太山說：「在很多的工作當中，只有道德的工作是寬廣無限、可長可久的。」[7]

聖保羅製作帳篷維生。哲學家史賓諾沙靠擦鏡片糊口。然而，卻沒有人會認爲聖保羅是做帳篷的，史賓諾沙是擦鏡片的。同樣地，我們眞正的職業是發現我們的眞我、追尋永恆的生命，證得佛性。人們可以從事各種不同的活動，但是我們眞正的職業始終是一樣的：獲得無上的開悟。我們在俗世的工作就只是爲了糊口而已。我們的要務是什麼？次要的又是什麼？這是我們要分清楚的。

「揭諦、揭諦、波羅揭諦、波羅僧揭諦、菩提薩婆訶」的意思是，我們應該改變我們生命的方向。我們生命的目標不應該導向賺更多錢、擁有更多的物質，或者贏得更多的認可或名聲。我們的目標或終點站是抵達涅槃。我們需要建立一個新的生命目標。我們需要有一套新的價值觀。

我經常會問新的修道者，他們來學佛或學禪的動機是什麼？很多人回答，他們來學禪，目的是要在日常生活中減輕壓力、達到心情平和平靜、並且保持專注力。這些都是很好的理由。但是，我們的修行和生命應該以開悟爲最後目標，切斷痛苦的根。我們最終的目標是從這場好長、好長的夢中覺醒過來。

耶穌說：「如果你喪失了你的靈魂，縱然贏得了整個世界，又有何用呢？」〈馬太福音16：26；馬克福音8：36〉現在是時候了，讓我們啓程，帶著我們的本心，踏上這條人跡罕到的康莊大道。

建立新的人生目標並不是說修道者一定要出家爲尼、當和尙，以便認眞修行。或者要像佛陀一樣，離開皇宮，拋妻棄子的。建立新的人生目標意味著建立新的價値觀，而且十分清楚覺知地過我們的日常生活。

有兩個伐木工人在同個營區工作。他們兩個一樣強壯、工時也一樣。可是，其中一個伐木工發現他的朋友砍的樹木、賺的錢都比他多。他很好奇，爲什麼他的朋友這麼有效率？有一天，當他們休息的時候，他發現他的朋友一直在磨利斧頭。我們可能跟同事花相同的時間上班，也有相同的閒暇。可是，我們生活的方式和我們覺知的程度不同，這就影響我們生命的品質，因而我們的最終目的也會大大不同。

眞正的修行者是很專注覺知地生活著。當你有了空閒，你做什麼？看電視？讀雜誌？還是你用來讀經？習禪修？你週末是怎麼打發時間的？去看電影？與朋友聚會？或者禪修？去參加法會？你現在有錢，可以去度假了，你怎麼做？是去禪修閉關呢？還是去滑

❼ *The Scriptures of Won-Buddhism*, 339.

雪？在海灘上放鬆放鬆？

對眞正的修行者而言，選擇職業的標準也有所不同。他們選擇職業不在於薪水的多寡，所考慮的是「正命」與否的問題，是否職場的氛圍有助於靈性的進展？

葩達萬是少太山的女弟子。她是韓國大富豪，在圓佛教創辦初期，曾在經濟上護持過少太山。有一個炎熱的夏日，師徒倆一起遠足。葩達萬是個高貴、有教養的女士，穿得很正式，所以感覺相當熱。當她看到一條溪流時，非常地興奮，狂野地跳了起來。她毫不遲疑、無所顧忌地跳進溪流中間，把冷水潑到臉上。

看到了這一幕，少太山大師等她從溪裡走上來後，對她說：「葩達萬，我們不該那樣子用水。我來示範怎麼用水。」雖然少太山大師身材魁梧，他還是小心翼翼地走向溪邊，雙手捧水，細心地洗臉。回來的時候，少太山大師又加了一句：「雖然水很多，又是免費的，但是如果不節約用水，你的業報可能會投生到水很少、不容易取得的地方。」

每年夏天結束時，少太山大師會把他的蚊帳重新包起來，用的是同一張他已經用過五年的舊報紙。雖然當時圓佛教仍然貧困，報紙和水是又多又便宜的，少太山大師還是要求他的信眾節儉而修。

這些故事闡明了一個眞修實行者的生活，他不僅認識了、也追求永恆的生命。一個修行者應該過著簡樸、節制的生活。一個眞修行者、一個尋求開悟的人，他的生命與揮霍無關、與奢華無關。他沒有興趣擁有漂亮的衣服、住豪宅，或開名車。眞修行者了解，這樣的生活方式污染他的心、鈍化他的靈性、強化他的自我、也增強他的無明。修道者首要關切的在於平靜、淨化，並且訓練他的心。

現代的修行者應該避免盲目地跟從大多數人的生活方式，反而要像佛陀所說的，「逆流而上」。他們不應該害怕與人不同。老虎與老鷹都是獨來獨往的。我們應該像老虎與老鷹，跟自己、跟眞我做朋友，而不要盲目地隨眾。求道者應該花更多的時間在止靜、禪修上，把光轉向內，照見般若。

詩人里爾克寫道：

我也是孤獨地在世界上；
可是又不夠孤獨，
無法讓每一刻都神聖起來。

如果我們的身邊老是些不修行的人，要與我們的眞我相遇，就會變得很困難。

耶穌說：「你是世界中人，然而你不屬於這個世界。」如果我們的生活一直跟著大眾的價值觀跑，最後的目的地將會離涅槃很遠。活在主流之外可能會很痛苦，但是更痛苦的是一直遊蕩在娑婆輪迴裡重複相同的習性。耶穌說：「因爲我的軛是容易的，我的擔子是輕省的。」〈馬太福音11：30〉又說：「我將這些事告訴你們，是要叫你們在我裡面有平安。在世上你們有苦難，但你們可以放心，我已經勝了世界。」〈約翰福音16：33〉

我們修學佛法時，就好像一枚發射到太空的衛星。起初，衛星還要對抗地心引力一下，但是等它進入外太空，就能輕輕鬆鬆地自動上運行軌道，毫不費力。一開始，我們的修行也要帶把勁，跟我們頑強的習性抗爭，但是等一段時間過後，我們的修行變得自然而不費力。如果我們有「僧伽」或修行團體的扶持，有老師或法友的護持，那麼情況更是如此，修行更加得力。這就爲什麼說，三寶除了佛寶、法寶外，還有僧寶。在修行的過程當中，障礙的模式其實是大同小異的，我們可以借助於有經驗的僧人幫我們克服誘惑及障礙。

「波羅僧揭諦」的意思是「大眾一起去彼岸」。讓我們一起去彼岸，走向涅槃——跟著我們所愛的人，跟周遭的人，最後也跟所有的眾生一起去彼岸。

對我們的朋友、父母、孩子而言，我們的話比達賴喇嘛、比一行禪師，或其他的名師，都來得更強而有力，因爲對所愛的人來說，我們比這些大師都更爲接近，且隨喚隨到。幫助他人最好的方法就是打開他們的眼睛，導引他們走向佛性的精神道路。情況允許的話，我們應該帶領他們修學佛法，並且鼓勵他們參加法會或閉關。

煤與鑽石的基本構造是相同的，而它們的外表看起來卻截然不同。鑽石深埋地底下，經由高溫高壓而形成。經由相同的溫度與壓力，煤也會逐漸變化成鑽石。明心見佛性需要我們高度的努力、流血流汗，付出很多的精力才行。佛門是敞開的，但要不要登堂入室就看我們。這條大道是眾所周知的，但是我們須得實際踏上去方能成就。

據《金剛經》的說法，得遇般若波羅蜜多文學（比如《心經》或《金剛經》）的人，是相當有福報的，多生以來就已種植無數的善根功德。佛在《金剛經》裡說，空義的教授，也就是《心經》的核心法要，是給在無上道已受啓發的人而設的。

「須菩提，以要言之，是經有不可思議、不可稱量、無邊功德。」如來爲發大乘者說，爲發最上乘者說。若有人能受、持、讀、誦，廣爲人說，如來悉知是人，悉見是人，皆得成就不可量、不可稱、無有邊、不可思議功德。

——《金剛經》

我們不要錯過這個珍貴難得的機會，請記住《四十二章經》第二十七章裡的這個故事：

佛言，夫爲道者，猶木在水，尋流而行，不觸兩岸，不爲人取，不爲鬼神所遮，不爲洄流所住，亦不腐敗，吾保此木，決定入海。學道之人，不爲情慾所惑，不爲衆邪所嬈，精進無爲，吾保此人，必得道矣。

致謝辭

這本書的進行當中，得到很多人的護持。對於他們，我獻上最誠摯的謝意。

首先，對於那些帶領我步上精神道路的老師們，我深表感恩之情：尊敬的 Chwasan、Kyungsan、Jasungheng 和 Chotawon。當然，最最感恩的是圓佛教的創始宗師，少太山大師。最後要感恩的是慈悲的佛陀。

在我投入修行的多年過程當中，我一直受到家人慈愛的支持，包括我的父母、兄弟姐妹、叔叔、阿姨等。我衷心地感謝他們。

很多法友協助我校稿，都讓我銘感於心，特別要謝謝 Rev.Domyung Won，Dr.Carol Craven、Mr.Joel Ostroff，以及 Dr. David Low，他們協助編輯，並且提供了很多寶貴的意見。

我還要對我的英文版編輯 Mr.Josh Bartrok 和 Mrs.Laura Cunningham 深深致謝，他們使這部作品變得清晰易讀。

我也非常謝謝 Mr.Rocky Bracero，是他創造了生命之輪的插圖。

最後，我由衷感謝Shintawon，Dotawon，和Wonson。他們的遠見、奉獻，還有財務支持，使得圓法禪修中心能順利建成。這個中心是一個精神團體，在這裡，不同背景的人聚集起來，共同讀經、修法，開啓自己的心，也照亮這個世界。

但願佛法在你我心中。

參考書目

英文書目

- Barnstone, Wills, and Marvin Meyer, eds. *The Gnostic Bible*. Boston: New Seeds, 2006.
- Batchelor, Stephen. *Buddhism without Beliefs*. New York: Riverhead Books, 1997.
- Bhikkhu Bodhi. *The Noble Eightfold Path*. Onalaska : BPS Pariyatti Editions, 2000.
- 塔拉．布萊克（Tara Brach）著，《全然接受這樣的我》（*Radical Acceptance: Embracing Your Life With the Heart of a Buddha*）。中文版由橡樹林文化發行。
- Buswell, Robert Jr., trans. *Tracing Back the Radiance: Chinul's Korean Way of Zen*. Honolulu: University od Hawaii Press, 1991.
- Catherine, Shaila. *Focused and Fearless: A Meditator's Guide to States*.
- 頂果欽哲法王（Dilgo Khyentse Rinpoche）著，《證悟者的心要寶藏》（*The Heart Treasure of the Enlightened Ones*）。中文版由雪謙文化發行。
- Fraser, Gordon, Egil Lillestol, and Inge Sellevag. *The Search for Infinity*. New York: Fact On File, 1994.

- Grafield, Jay L., trans. *The Fundamental Wisdom of the Middle Path: Nagarjuna's Mulamadbyamakakarika*. New York: Oxford University Press，1995.
- Geshe Tsultim Gyeltsen. *Mirror of Wisdom*. Long Beach, California: Thubten Dhargye Ling Publications, 2000.
- Goldstein, Joseph. *Insight Meditation*. Boston: Shambhala Publications, 1994.
- 一行禪師著，《佛陀之心：一行禪師的佛法講堂》（*The Heart of the Buddha's Teaching*）。中文版由橡實文化發行。
- 一行禪師著，《見佛殺佛：一行禪師的禪法心要》（*Zen Keys*）。中文版由橡樹林文化發行。
- Joeng, Boep, trans. *The Mirror of Zen*. Boston: Shambhala Publications, 2006.
- Kornfield, Jack, ed. *Teachings of the Buddha*. Boston: Shambhala Publications, 1996 .
- Lopez, Donald. *Elaborations on Emptiness*. Princeton, New Jersey: Princeton University Press, 1996.
- Nearman, Hubert, trans. The Shōbōgenzō. Mount Shasta, California: Shasta Abbey, 1992.
- 馬克・尼波（Mark Nepo）著，《每一天的覺醒：三百六十五篇日常生活的冥想與頓悟》（*The Book of Awakening*）。中文版由木馬文化發行。
- Newland, Guy. *Introduction to Emptiness*. Ithaca, NY: Snow Lion Publication, 2008.

- 巴楚仁波切著，《普賢上師言教：大圓滿龍欽心髓前行指引》（*The Words of My Perfect Teacher*）。中文版由橡實文化發行。
- Piyadassi, Thera. *The Buddha's Ancient Path*. United Kindom: Rider and Company, 1964.
- Price, F., and Wong Mou-Lam, trans. *The Diamond Sutra and The Sutra of Hui-Neng*. Boston: Shambhala Publications, 1990.
- Rahula, Walpola. *What the Buddha Taught*. New York: Grove Press, 1974.
- Ricard, Matthieu, and Trinh Xuan Thuan. *The Quantum and the Lotus: A journey to the Frontiers Where Science and Buddhism Meet*. New York: Broadway Books, 2004.
- Red Pine. *The Heart Sutra*. Shoemaker & Hoard, an Imprint of Avalon Publishing Group, 2004.
- Red Pine. *The Zen Teaching of Bodhidbarma*. San Francisco: North Point Press, 1987 .
- Sahn, Seung. *The Compass of Zen*. Boston: Shambhala Publications, 1997.
- Schrodinger, Erwin. *Science and Humanism*. Cambridge, England: Cambridge University Press, 1951.
- Schrodinger, Erwin. *Mind and Matter*. Cambridge, England: Cambridge University Press, 1958.
- *The Scriptures of Won-Buddhism*. Iksan: Won Kwang Publishing Co., 2006.
- Soeng, Mu. *Trust in Mind : The Rebellion of Chinese Zen*. Boston: Widom Publications, 2004.

- Suzuki, D.T., trans. *The Awakening of Faith*. New York: Dover Publications, 2003.
- Suzuki, D.T., trans. *The Lankauatara Sutra*. Boulder, CO: Prajna Press, 1978.
- Warren, Henry Clarke. *Buddhism in Translations*. Delhi: Moltilal Banarasidass Publishers, 1998.
- Waston, Burton trans. *The Lotus Sutra*. New York: Columbia University Press, 1993.
- Wigner, Eugene. *Symmetries and Reflections*. Bloomonhton: Indiana University Press, 1967.
- Yamada, Koun, Trans. *The Gateless Gate: The Classic Book of Zen Koans*. Boston: Wisdom Publications, 2004.
- Yasutani Hakuun. *Flowers Fall: A Commentary on Zen Master Dogen's Genjokoan*. Translated by Paul Jaffe. Boston: Shambhala Publications, 2001.

韓文書目

- *The Additional Discourses of Venerable Sotaesan*. Iksan: Won Kwang Publishing Co., 1985.
- Cho, Hyun. *Seclusion: The Longest Spiritual Journey*. Seoul: Hankyoreh Publications, 2008.
- Chungwha. *The Heart Sutra*. Seoul: Dharma Offering Publications, 2005.
- Chwasan. *The Principle of Belief and Its Power*. Iksan: Won Kwang Publishing Co., 2009.
- Daesan. *The Essence of the Won Buddhist Canon*. Iksan: Won Kwang Publishing Co., 1996.
- Hahn, Dukchun. *The Happiness which Increases as We Practice*. Seoul: EZAnn Publications, 2009.
- Jang, Eungchul. *Hill of Freedom: Commentary on The Heart Sutra*. Iksan: Dongnam Poong Publications, 2000.
- Kyongbong. *Touch the Door Latch in the Middle of the Night*. Seoul: Millahl Pulications, 1989.
- Lee, Chungdam. *The Heart Sutra*. Seoul: Bosung Publications, 1990.

橡樹林文化 ❖❖ 善知識系列 ❖❖ 書目

JB0001	狂喜之後	傑克．康菲爾德◎著	380 元
JB0002	抉擇未來	達賴喇嘛◎著	250 元
JB0004	東方大日	邱陽．創巴仁波切◎著	300 元
JB0005	幸福的修煉	達賴喇嘛◎著	230 元
JB0006X	初戀三摩地	一行禪師◎著	280 元
JB0007X	森林中的法語	阿姜查◎著	320 元
JB0010X	達賴喇嘛　禪修地圖	達賴喇嘛◎著	320 元
JB0011	你可以不怕死	一行禪師◎著	250 元
JB0012X	平靜的第一堂課──觀呼吸	德寶法師 ◎著	280 元
JB0014X	觀照的奇蹟	一行禪師◎著	220 元
JB0015	阿姜查的禪修世界──戒	阿姜查◎著	220 元
JB0016	阿姜查的禪修世界──定	阿姜查◎著	250 元
JB0017	阿姜查的禪修世界──慧	阿姜查◎著	230 元
JB0018Y	遠離四種執著	究給．企千仁波切◎著	300 元
JB0019Y	禪者的初心（暢銷全球五十週年紀念版）	鈴木俊隆◎著	300 元
JB0020X	心的導引	薩姜．米龐仁波切◎著	240 元
JB0021X	佛陀的聖弟子傳 1	向智長老◎著	240 元
JB0022	佛陀的聖弟子傳 2	向智長老◎著	200 元
JB0023	佛陀的聖弟子傳 3	向智長老◎著	200 元
JB0024	佛陀的聖弟子傳 4	向智長老◎著	260 元
JB0025	正念的四個練習	喜戒禪師◎著	260 元
JB0027	見佛殺佛	一行禪師◎著	220 元
JB0028	無常	阿姜查◎著	220 元
JB0029	覺悟勇士	邱陽．創巴仁波切◎著	230 元
JB0030	正念之道	向智長老◎著	280 元
JB0032	統御你的世界	薩姜．米龐仁波切◎著	240 元
JB0033	親近釋迦牟尼佛	髻智比丘◎著	430 元
JB0034	藏傳佛教的第一堂課	卡盧仁波切◎著	300 元
JB0035	拙火之樂	圖敦．耶喜喇嘛◎著	280 元
JB0037X	一行禪師　活在正念的愛裡	一行禪師◎著	300 元
JB0038	專注力	B．艾倫．華勒士◎著	250 元

JB0039X	輪迴的故事	堪欽慈誠羅珠◎著	280 元
JB0040	成佛的藍圖	堪千創古仁波切◎著	270 元
JB0041	事情並非總是如此	鈴木俊隆禪師◎著	240 元
JB0042X	祈禱的力量	一行禪師◎著	300 元
JB0044	當光亮照破黑暗	達賴喇嘛◎著	300 元
JB0045	覺照在當下	優婆夷紀・那那蓉◎著	300 元
JB0046	大手印暨觀音儀軌修法	卡盧仁波切◎著	340 元
JB0047X	蔣貢康楚閉關手冊	蔣貢康楚羅卓泰耶◎著	260 元
JB0048X	開始學習禪修	凱薩琳・麥唐諾◎著	320 元
JB0049X	我可以這樣改變人生	堪布慈囊仁波切◎著	300 元
JB0050	不生氣的生活	W. 伐札梅諦◎著	250 元
JB0052	一心走路	一行禪師◎著	280 元
JB0054	觀世音菩薩妙明教示	堪布慈囊仁波切◎著	350 元
JB0058	慈悲與智見	達賴喇嘛◎著	320 元
JB0059	親愛的喇嘛梭巴	喇嘛梭巴仁波切◎著	320 元
JB0062X	白話《菩提道次第廣論》	宗喀巴大師◎著	550 元
JB0063	離死之心	竹慶本樂仁波切◎著	400 元
JB0065X	夢瑜伽與自然光的修習	南開諾布仁波切◎著	320 元
JB0067	最勇敢的女性菩薩：綠度母	堪布慈囊仁波切◎著	350 元
JB0069	接觸大地：與佛陀的親密對話	一行禪師◎著	220 元
JB0070	安住於清淨自性中	達賴喇嘛◎著	480 元
JB0072S	菩薩行的祕密【上下冊】	佛子希瓦拉◎著	799 元
JB0073	穿越六道輪迴之旅	德洛達娃多瑪◎著	280 元
JB0074	突破修道上的唯物	邱陽・創巴仁波切◎著	320 元
JB0078	見之道	根松仁波切◎著	330 元
JB0079	彩虹丹青	祖古・烏金仁波切◎著	340 元
JB0082	進入禪定的第一堂課	德寶法師◎著	300 元
JB0083	藏傳密續的真相	圖敦・耶喜喇嘛◎著	300 元
JB0085	本智光照：功德寶藏論　顯宗分講記	遍智　吉美林巴◎著	380 元
JB0086	普賢王如來祈願文	竹慶本樂仁波切◎著	320 元
JB0088	不依執修之佛果	敦珠林巴◎著	320 元
JB0089	本智光照：功德寶藏論　密宗分講記	遍智　吉美林巴◎著	340 元
JB0090	三主要道論	堪布慈囊仁波切◎講解	280 元
JB0091	千手千眼觀音齋戒：紐涅的修持法	汪遷仁波切◎著	400 元

JB0092	回到家，我看見真心	一行禪師◎著	220元
JB0093	愛對了	一行禪師◎著	260元
JB0095	次第花開	希阿榮博堪布◎著	350元
JB0096	楞嚴貫心	果煜法師◎著	380元
JB0097	心安了，路就開了： 讓《佛說四十二章經》成為你人生的指引	釋悟因◎著	320元
JB0098	修行不入迷宮	札丘傑仁波切◎著	320元
JB0099	看自己的心，比看電影精彩	圖敦・耶喜喇嘛◎著	280元
JB0100	自性光明・法界寶庫論	大遍智　龍欽巴尊者◎著	480元
JB0101X	穿透《心經》：原來，你以為的只是假象	柳道成法師◎著	380元
JB0102	直顯心之奧秘：大圓滿無二性的殊勝口訣	祖古貝瑪・里沙仁波切◎著	500元
JB0103	一行禪師講《金剛經》	一行禪師◎著	320元
JB0104	一行禪師談生命真正的快樂： 金錢與權力能帶給你什麼？	一行禪師◎著	300元
JB0105	一行禪師談正念工作的奇蹟	一行禪師◎著	280元
JB0106	大圓滿如幻休息論	大遍智　龍欽巴尊者◎著	320元
JB0107	覺悟者的臨終贈言：《定日百法》	帕當巴桑傑大師◎著 堪布慈囊仁波切◎講述	300元
JB0109	快樂來自心	喇嘛梭巴仁波切◎著	280元
JB0110	正覺之道・佛子行廣釋	根讓仁波切◎著	550元
JB0111	中觀勝義諦	果煜法師◎著	500元
JB0112	觀修藥師佛：祈請藥師佛，能解決你的 困頓不安，感受身心療癒的奇蹟	堪千創古仁波切◎著	300元
JB0113	與阿姜查共處的歲月	保羅・布里特◎著	300元
JB0114	正念的四個練習	喜戒禪師◎著	300元
JB0115	揭開身心的奧秘：阿毗達摩怎麼說？	善戒禪師◎著	420元
JB0116	一行禪師講《阿彌陀經》	一行禪師◎著	260元
JB0117	一生吉祥的三十八個祕訣	四明智廣◎著	350元
JB0118	狂智	邱陽創巴仁波切◎著	380元
JB0119	療癒身心的十種想——兼行「止禪」與「觀禪」 的實用指引，醫治無明、洞見無常的妙方	德寶法師◎著	320元
JB0120	覺醒的明光	堪祖蘇南給稱仁波切◎著	350元
JB0121	大圓滿禪定休息論	大遍智　龍欽巴尊者◎著	320元
JB0122X	正念的奇蹟	一行禪師◎著	300元

JB0123	一行禪師　心如一畝田：唯識 50 頌	一行禪師◎著	360 元
JB0124X	一行禪師 你可以不生氣：佛陀的最佳情緒處方	一行禪師◎著	320 元
JB0125	三句擊要： 以三句口訣直指大圓滿見地、觀修與行持	巴珠仁波切◎著	300 元
JB0126	六妙門：禪修入門與進階	果煜法師◎著	400 元
JB0127	生死的幻覺	白瑪桑格仁波切◎著	380 元
JB0129	禪修心經——萬物顯現，卻不真實存在	堪祖蘇南給稱仁波切◎著	350 元
JB0130	頂果欽哲法王：《上師相應法》	頂果欽哲法王◎著	320 元
JB0131	大手印之心：噶舉傳承上師心要教授	堪千創古仁切波◎著	500 元
JB0132	平心靜氣：達賴喇嘛講《入菩薩行論》〈安忍品〉	達賴喇嘛◎著	380 元
JB0133	念住內觀：以直觀智解脫心	班迪達尊者◎著	380 元
JB0134	除障積福最強大之法——山淨煙供	堪祖蘇南給稱仁波切◎著	350 元
JB0135	撥雲見月：禪修與祖師悟道故事	確吉・尼瑪仁波切◎著	350 元
JB0136	醫者慈悲心：對醫護者的佛法指引	確吉・尼瑪仁波切 大衛・施林醫生 ◎著	350 元
JB0137	中陰指引——修習四中陰法教的訣竅	確吉・尼瑪仁波切◎著	350 元
JB0138X	佛法的喜悅之道	確吉・尼瑪仁波切◎著	350 元
JB0139	當下了然智慧：無分別智禪修指南	確吉・尼瑪仁波切◎著	360 元
JB0140	生命的實相——以四法印契入金剛乘的本覺修持	確吉・尼瑪仁波切◎著	360 元
JB0141	邱陽創巴仁波切 當野馬遇見上師：修心與慈觀	邱陽創巴仁波切◎著	350 元
JB0142	在家居士修行之道——印光大師教言選講	四明智廣◎著	320 元
JB0143	光在，心自在 〈普門品〉陪您優雅穿渡生命窄門	釋悟因◎著	350 元
JB0144	剎那成佛口訣——三句擊要	堪祖蘇南給稱仁波切◎著	450 元
JB0145	進入香巴拉之門——時輪金剛與覺囊傳承	堪祖嘉培珞珠仁波切◎著	450 元
JB0146	（藏譯中）菩提道次第廣論： 抉擇空性見與止觀雙運篇	宗喀巴大師◎著	800 元
JB0147	業力覺醒：揪出我執和自我中心， 擺脫輪迴束縛的根源	圖丹・卻准◎著	420 元
JB0148	心經——超越的智慧	密格瑪策天喇嘛◎著	380 元
JB0149	一行禪師講《心經》	一行禪師◎著	320 元
JB0150	寂靜之聲——知念就是你的皈依	阿姜蘇美多◎著	500 元

JB0151	我真正的家，就在當下—— 一行禪師的生命故事與教導	一行禪師◎著	360 元
JB0152	達賴喇嘛講三主要道—— 宗喀巴大師的精華教授	達賴喇嘛◎著	360 元
JB0153	輪迴可有道理？—— 五十三篇菩提比丘的佛法教導	菩提比丘◎著	600 元
JB0154	一行禪師講《入出息念經》： 一呼一吸間，回到當下的自己	一行禪師◎著	350 元
JB0155	我心教言——敦珠法王的智慧心語	敦珠仁波切◎著	380 元
JB0156	朗然明性： 藏傳佛教大手印及大圓滿教法選集	蓮花生大士、伊喜·措嘉、 龍欽巴、密勒日巴、祖古· 烏金仁波切等大師◎著	400 元
JB0157	跟著菩薩發願：〈普賢行願品〉淺釋	鄔金智美堪布◎著	400 元
JB0158	一行禪師　佛雨灑下—— 禪修《八大人覺經》《吉祥經》 《蛇喻經》《中道因緣經》	一行禪師◎著	380 元

橡樹林文化 ❖❖ 蓮師文集系列 ❖❖ 書目

JA0001	空行法教	伊喜·措嘉佛母輯錄付藏	260 元
JA0002	蓮師傳	伊喜·措嘉記錄撰寫	380 元
JA0003	蓮師心要建言	艾瑞克·貝瑪·昆桑◎藏譯英	350 元
JA0005	松嶺寶藏	蓮花生大士◎著	330 元
JA0006	自然解脫	蓮花生大士◎著	400 元
JA0008S	智慧之光一、二	根本文◎蓮花生大士 釋論◎蔣貢·康楚	799 元
JA0009	障礙遍除：蓮師心要修持	蓮花生大士◎著	450 元
JA0010	呼喚蓮花生： 祈求即滿願之蓮師祈請文集	卻札蔣措◎著	550 元

橡樹林文化 ❖❖ 成就者傳紀系列 ❖❖ 書目

JS0001	惹瓊巴傳	堪千創古仁波切◎著	260 元
JS0002	曼達拉娃佛母傳	喇嘛卻南、桑傑・康卓◎英譯	350 元
JS0003	伊喜・措嘉佛母傳	嘉華・蔣秋、南開・寧波◎伏藏書錄	400 元
JS0004	無畏金剛智光： 怙主敦珠仁波切的生平與傳奇	堪布才旺・董嘉仁波切◎著	400 元
JS0006	帝洛巴傳	堪千創古仁波切◎著	260 元
JS0007	南懷瑾的最後 100 天	王國平◎著	380 元
JS0008	偉大的不丹傳奇・五大伏藏王之一 貝瑪林巴之生平與伏藏教法	貝瑪林巴◎取藏	450 元
JS0009	噶舉三祖師：馬爾巴傳	堪千創古仁波切◎著	300 元
JS0010	噶舉三祖師：密勒日巴傳	堪千創古仁波切◎著	280 元
JS0011	噶舉三祖師：岡波巴傳	堪千創古仁波切◎著	280 元
JS0012	法界遍智全知法王——龍欽巴傳	蔣巴・麥堪哲・史都爾◎著	380 元
JS0013	藏傳佛法最受歡迎的聖者—— 瘋聖竹巴袞列傳奇生平與道歌	格西札浦根敦仁欽◎藏文彙編	380 元
JS0014X	大成就者傳奇： 54 位密續大師的悟道故事	凱斯・道曼◎英譯	500 元
JS0015	證悟的流浪者—— 巴楚仁波切之生平與言教	馬修・李卡德◎英譯	580 元
JS0018S	我的淨土到了——多芒揚唐仁波切傳	卻札蔣措◎著	1200 元
JS0019	大伏藏師——秋吉林巴行傳	蓮花生大士、秋吉林巴、 蔣揚欽哲旺波、蔣貢康楚羅卓泰耶、 烏金督佳仁波切、帕秋仁波切◎著	650 元
JS0020	歪瓜：一代禪師鈴木俊隆的平凡與不凡	大衛・查德威克◎著	760 元

橡樹林文化 ❖❖ 圖解佛學系列 ❖❖ 書目

JL0001	圖解西藏生死書	張宏實◎著	420 元
JL0002X	圖解佛教八識	洪朝吉◎著	300 元

橡樹林文化 ❖❖ 朝聖系列 ❖❖ 書目

JK0001	五台山與大圓滿：文殊道場朝聖指南	菩提洲◎著	500 元
JK0002	蓮師在西藏：大藏區蓮師聖地巡禮	邱常梵◎著	700 元
JK0003	觀音在西藏：遇見世間最美麗的佛菩薩	邱常梵◎著	700 元
JK0004	朝聖尼泊爾：走入蓮師祕境努日	郭怡青◎著	450 元
JK0005	蓮師在西藏 2：大藏區蓮師聖地巡禮	邱常梵◎著	750 元
JK0006	走過蓮師三大隱密聖境： 尼泊爾・基摩礱／錫金・哲孟雄／西藏・貝瑪貴	邱常梵◎著	720 元

橡樹林文化 ❖❖ 金翅鳥系列 ❖❖ 書目

JZ01	我們誤解了這個世界——高僧與哲人的對話	濟群法師◎著	380 元
JZ02	我們誤解了自己	濟群法師◎著	380 元
JZ03	造就美好的自己	濟群法師◎著	380 元
JZ04	經營企業與經營人生	濟群法師◎著	380 元
JZ05	心，才是幸福的關鍵	濟群法師◎著	380 元
JZ06	你也可以這樣活著	濟群法師◎著	380 元

橡樹林文化 ❖❖ 鹿王系列 ❖❖ 書目

JE0001	慈悲的英雄：千手觀音的故事	哈里・愛因霍恩◎著	380 元
JE0002	佛陀的前世故事： 與大自然、動物一起學習仁慈、友愛和寬恕	蘿拉・柏吉斯◎著	600 元

善知識　JB0101X

穿透《心經》：原來，你以爲的只是假象

Thunderous Silence:A Formula for Ending Suffering: A Practical Guide to the Heart Sutra

作　　者／柳道成法師（Dosung Yoo）
譯　　者／釋智善
編　　輯／劉昱伶
封面設計／厚研吾尺 Most of Hou
內頁排版／歐陽碧智
業　　務／顏宏紋
印　　刷／韋懋實業有限公司

發 行 人／何飛鵬
事業群總經理／謝至平
總 編 輯／張嘉芳
出　　版／橡樹林文化
台北市南港區昆陽街 16 號 4 樓
電話：886-2-2500-0888 ext2736　傳真：886-2-2500-1951
發　　行／英屬蓋曼群島商家庭傳媒股份有限公司城邦分公司
台北市南港區昆陽街 16 號 8 樓
客服服務專線：02-25007718；02-25007719
24 小時傳真專線：02-25001990；02-25001991
服務時間：週一至週五上午 09:30 ～ 12:00；下午 13:30 ～ 17:00
劃撥帳號：19863813　戶名：書虫股份有限公司
讀者服務信箱：service@readingclub.com.tw
城邦網址：http://www.cite.com.tw
香港發行所／城邦（香港）出版集團有限公司
香港九龍土瓜灣土瓜灣道 86 號順聯工業大廈 6 樓 A 室
電話：852-25086231　傳真：852-25789337
Email：hkcite@biznetvigator.com
馬新發行所／城邦（馬新）出版集團【Cité (M) Sdn.Bhd. (458372 U)】
41, Jalan Radin Anum, Bandar Baru Seri Petaling,
57000 Kuala Lumpur, Malaysia.
電話：+6(03)-90563833　傳真：+6(03)-90576622
Email：services@cite.my

初版一刷／ 2015 年 3 月
二版一刷／ 2024 年 3 月
ISBN：978-626-7219-92-8（紙本書）
ISBN：978-626-7449-03-5（EPUB）
定價／ 380 元
城邦讀書花園
www.cite.com.tw

國家圖書館出版品預行編目（CIP）資料

穿透 << 心經 >>：原來，你以為的只是假象 / 柳道成法師著；釋智善譯. -- 二版. -- 臺北市：橡樹林文化，城邦文化事業股份有限公司出版：英屬蓋曼群島商家庭傳媒股份有限公司城邦分公司發行，2024.03
面；　公分. -- (善知識；JB0101X)
譯自：Thunderous silence : a formula for ending suffering : a practical guide to the Heart sutra
ISBN 978-626-7219-92-8(平裝)

1.CST: 般若部

221.45　　112022309

115 台北市南港區昆陽街 16 號 4 樓

城邦文化事業股份有限公司
橡樹林出版事業部　收

請沿虛線剪下對折裝訂寄回，謝謝！

|橡|樹|林|

書名：穿透《心經》：原來，你以為的只是假象　書號：JB0101X

橡樹林文化

讀者回函卡

感謝您對橡樹林出版社之支持，請將您的建議提供給我們參考與改進；請別忘了給我們一些鼓勵，我們會更加努力，出版好書與您結緣。

姓名：＿＿＿＿＿＿＿＿＿＿　□女　□男　生日：西元＿＿＿＿＿年

Email：＿＿＿＿＿＿＿＿＿＿＿＿＿＿＿＿＿＿＿＿

●您從何處知道此書？

□書店　□書訊　□書評　□報紙　□廣播　□網路　□廣告 DM　□親友介紹

□橡樹林電子報　□其他＿＿＿＿＿＿

●您以何種方式購買本書？

□誠品書店　□誠品網路書店　□金石堂書店　□金石堂網路書店

□博客來網路書店　□其他＿＿＿＿＿＿

●您希望我們未來出版哪一種主題的書？（可複選）

□佛法生活應用　□教理　□實修法門介紹　□大師開示　□大師傳紀

□佛教圖解百科　□其他＿＿＿＿＿＿

●您對本書的建議：

＿＿＿＿＿＿＿＿＿＿＿＿＿＿＿＿＿＿＿＿

＿＿＿＿＿＿＿＿＿＿＿＿＿＿＿＿＿＿＿＿

＿＿＿＿＿＿＿＿＿＿＿＿＿＿＿＿＿＿＿＿

＿＿＿＿＿＿＿＿＿＿＿＿＿＿＿＿＿＿＿＿

＿＿＿＿＿＿＿＿＿＿＿＿＿＿＿＿＿＿＿＿